AF600959

SOLFÉGE D'ENSEMBLE

EN TROIS PARTIES

CONTENANT

DES DUOS, TRIOS, QUATUORS, CHŒURS ET MORCEAUX D'ENSEMBLE

Dédié à Monsieur

LE COMTE DE SALVANDY

MINISTRE DE L'INSTUCTION PUBLIQUE

PAR

A. PANSERON

Professeur de Chant au Conservatoire et Membre de la Légion-d'Honneur

Prix net : 12 francs. Chaque, net : 5 fr

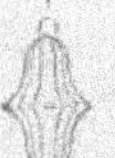

La Première Partie

Contient 78 Morceaux faciles à 2 et 3 Voix sur deux clefs de Sol et une clef de Fa 4me ligne.

La Deuxième Partie

Contient 42 Morceaux difficiles sur toutes les clefs en usage aux Chanteurs. C'est dans cette partie du Solfége que l'on trouvera des modèles de style de toutes les célébrités anciennes et modernes

DEPUIS

PALESTRINA, MARCELLO, CLARY, CORELLI, HAENDEL, GLUCK, MATTEI, HAYDN, MOZART, BEETHOVEN,

JUSQU'A

SPONTINI, ROSSINI, AUBER, MEYERBEER, HALEVY, ADAM & LEBORNE.

La Troisième Partie

Renferme Vingt Morceaux religieux avec Paroles françaises ou latines. On y trouve des Duos, Trios, Quatuors, Chœurs et Morceaux d'Ensemble pour toute espèce de Voix, sur des Sujets bibliques, des Idylles et des Cantiques, Kyrie, O Salutaris, Benedictus, Requiem, de Profundis, Incarnatus est, Pie Jesû et Fugues, etc.

PARIS

CHEZ L'AUTEUR, RUE HAUTEVILLE, Nº 21

ET CHEZ TOUS LES MARCHANDS DE MUSIQUE

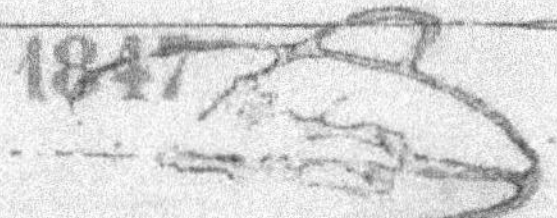

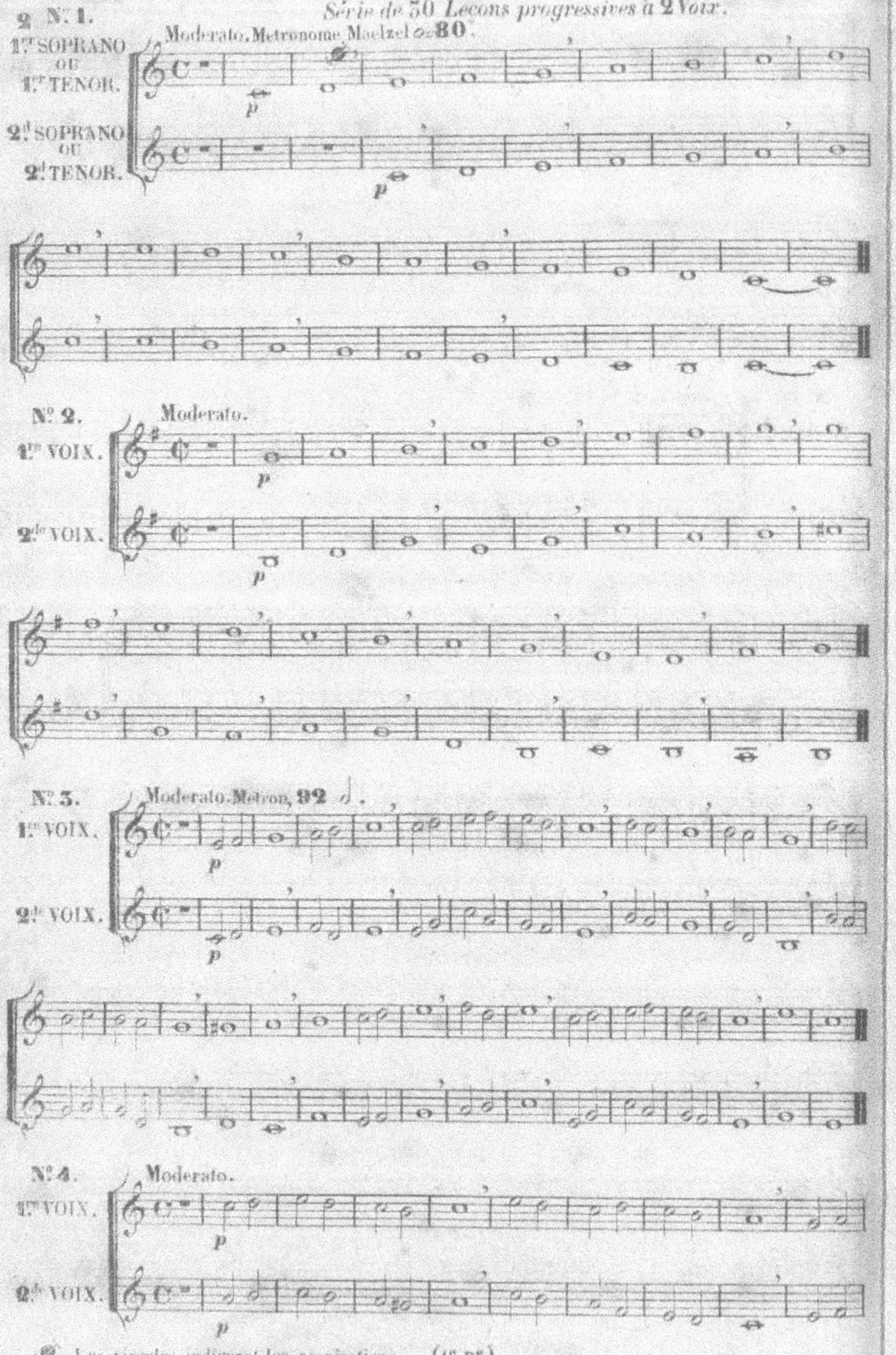

Les virgules indiquent les respirations. (1r Pe)

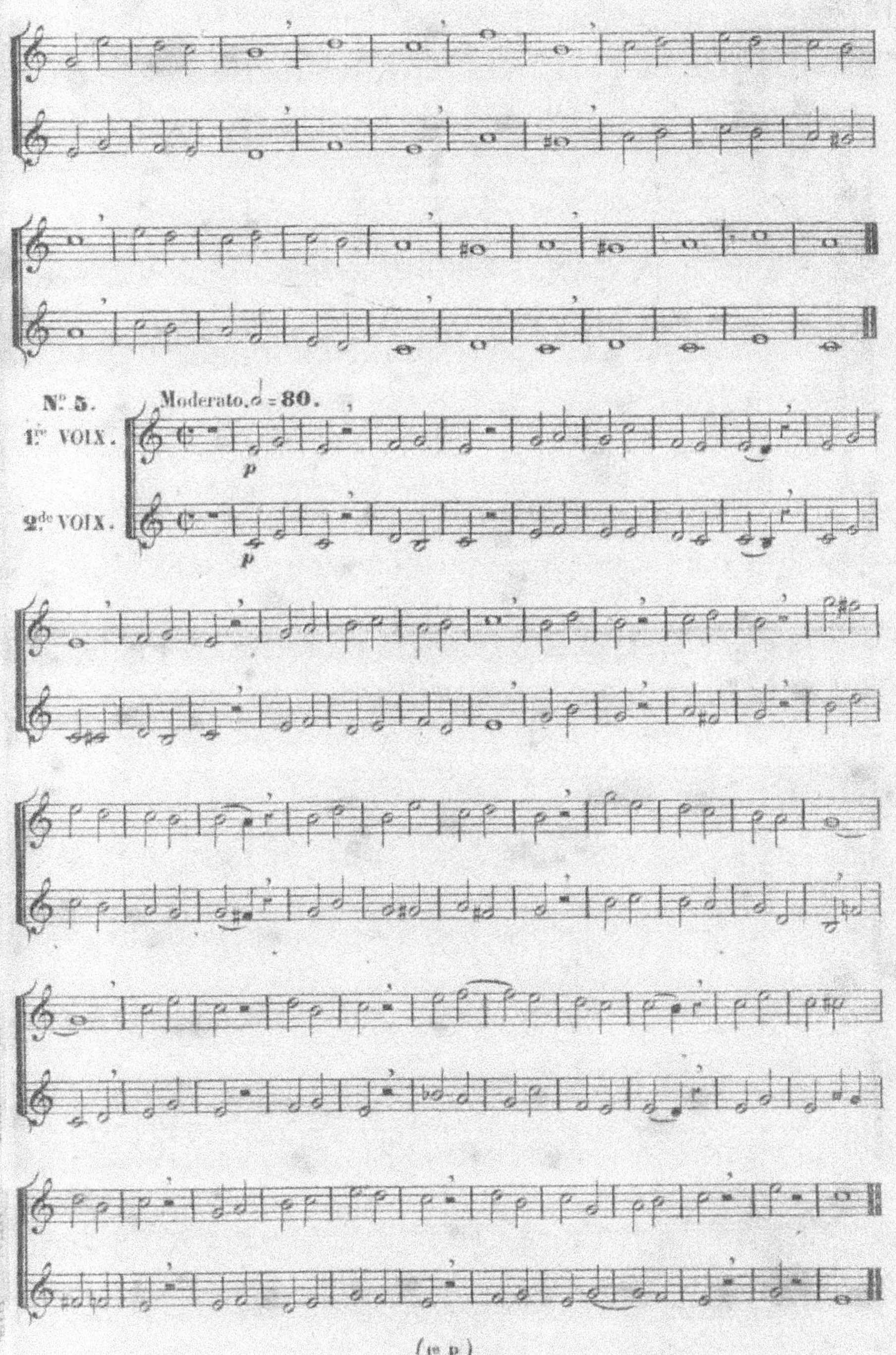
N.º 5.
Moderato. 𝅗𝅥 = 80.
1.re VOIX.
2.de VOIX.
p
p

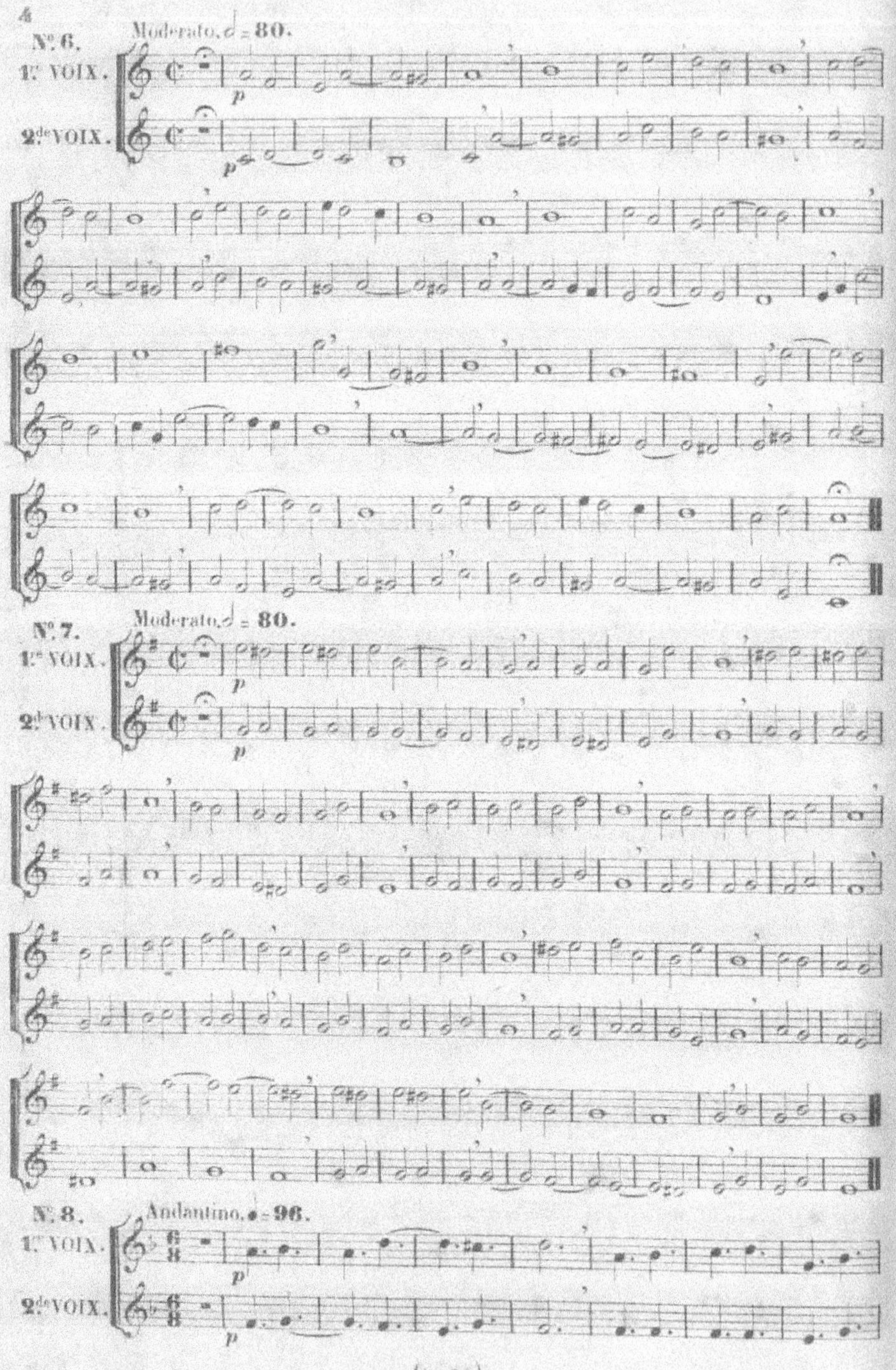
N°. 6.
Moderato. 𝅗𝅥 = 80.
1re VOIX.
2de VOIX.
p
p
N°. 7.
Moderato. 𝅗𝅥 = 80.
1re VOIX.
2de VOIX.
p
p
N°. 8.
Andantino. ♩. = 96.
1re VOIX.
2de VOIX.
p
p

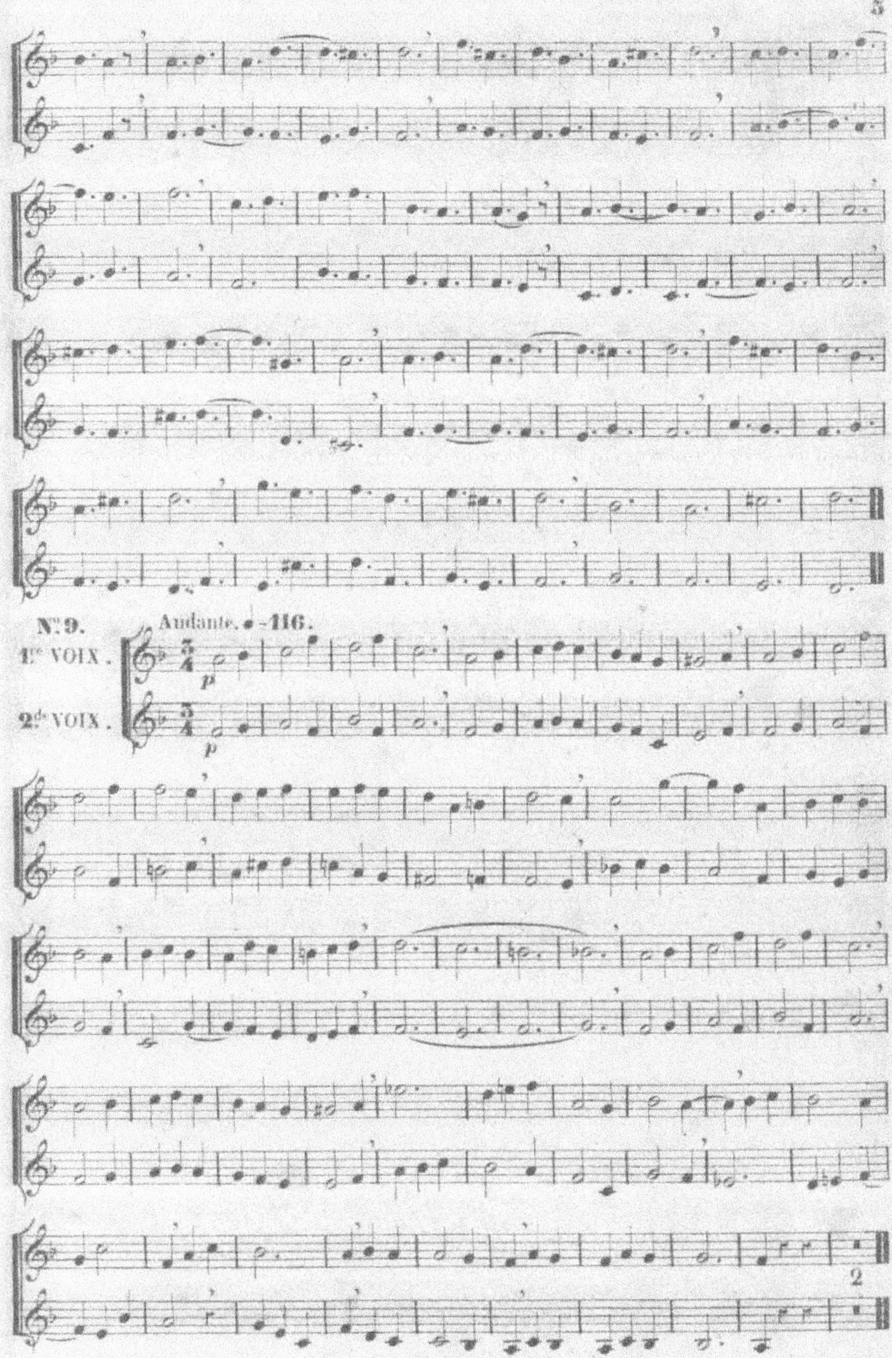
N.º 9.
Andante. ♩=116.
1.re VOIX.
2.de VOIX.
p
p
2

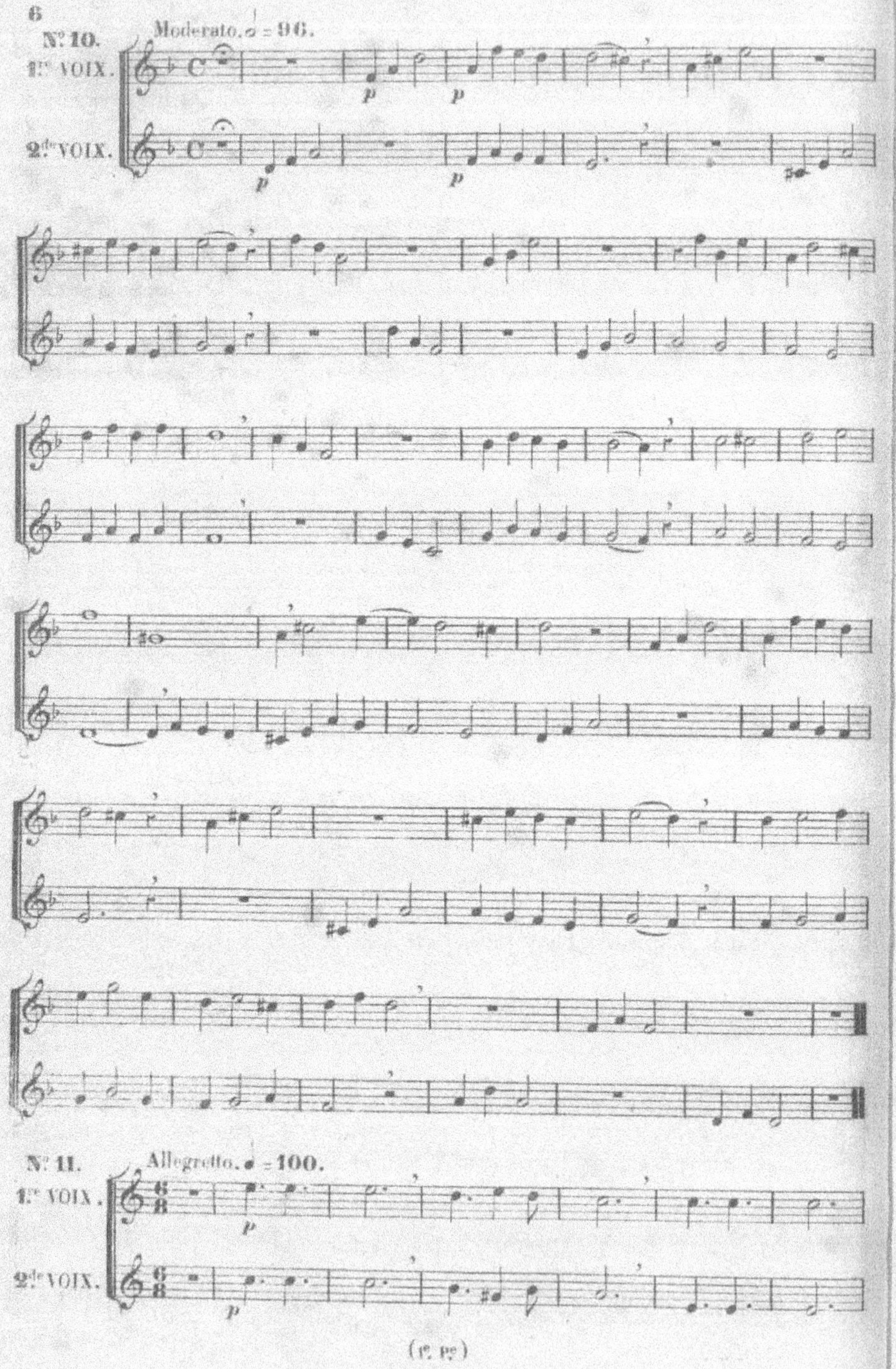
N° 10.
Moderato. 𝅗𝅥 = 96.
1.re VOIX.
2.de VOIX.
p
p
p
p
N° 11.
Allegretto. ♩. = 100.
1.re VOIX.
2.de VOIX.
p
p

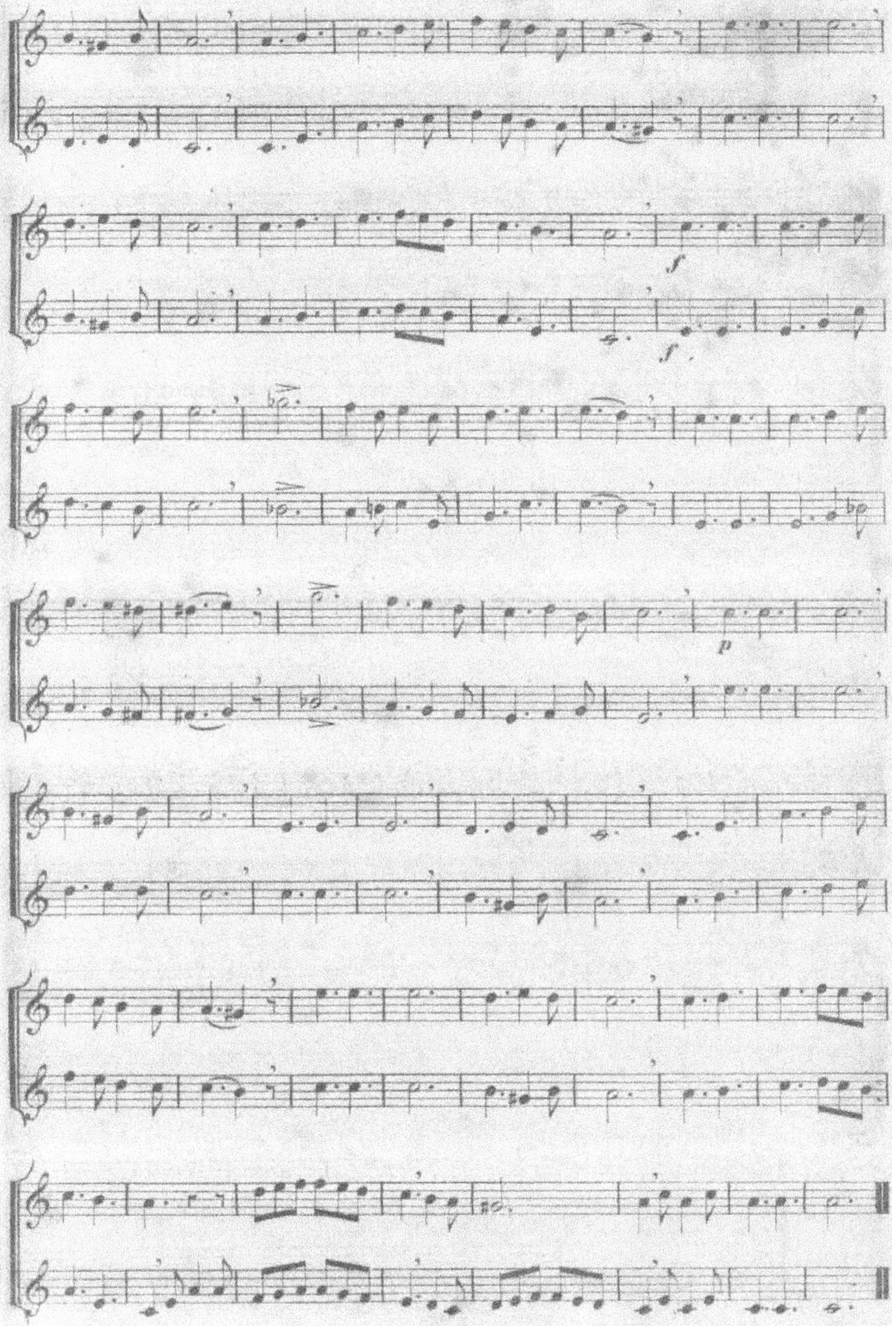

f

f

p

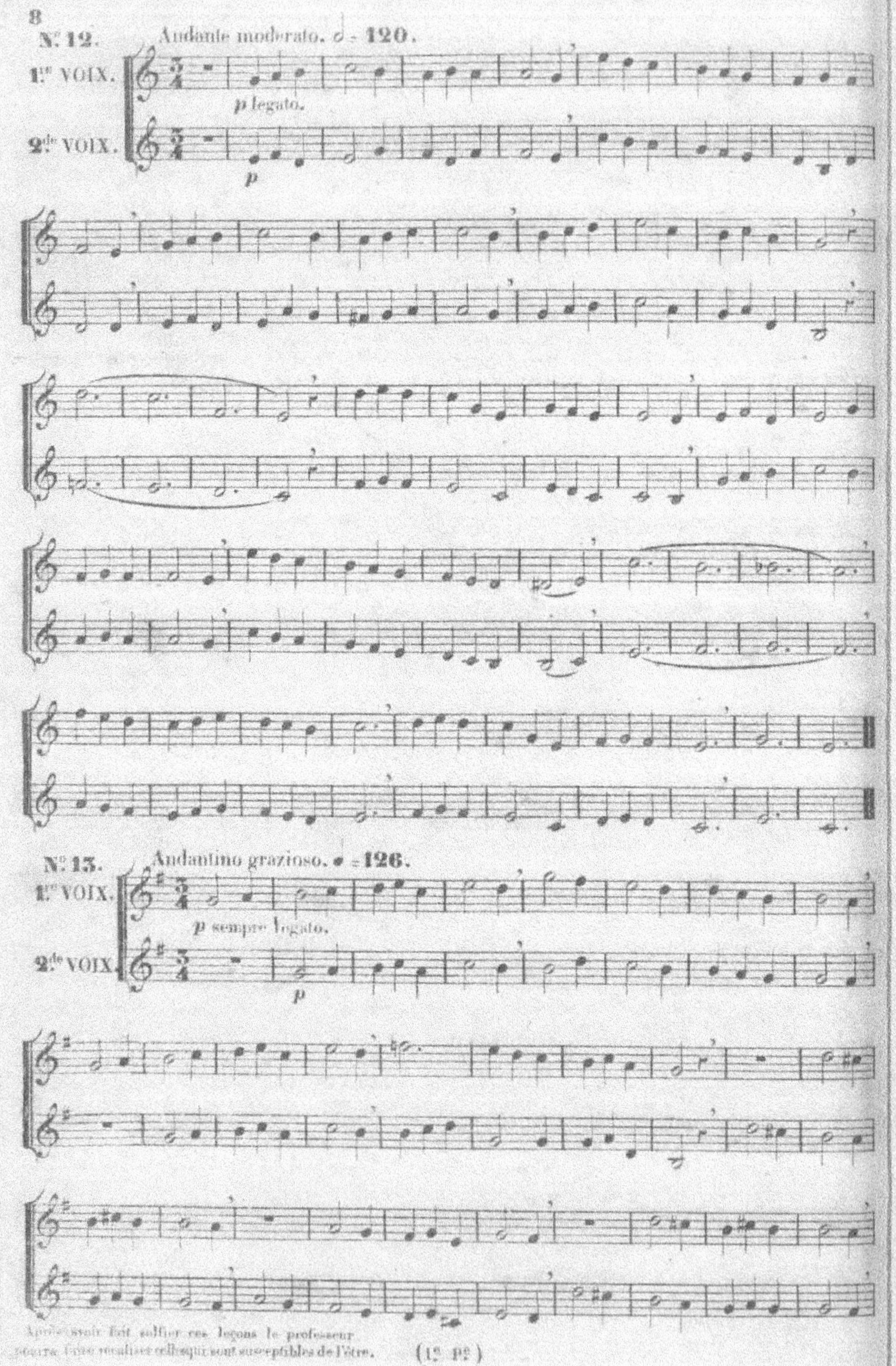

Après avoir fait solfier ces leçons le professeur pourra faire vocaliser celles qui sont susceptibles de l'être.

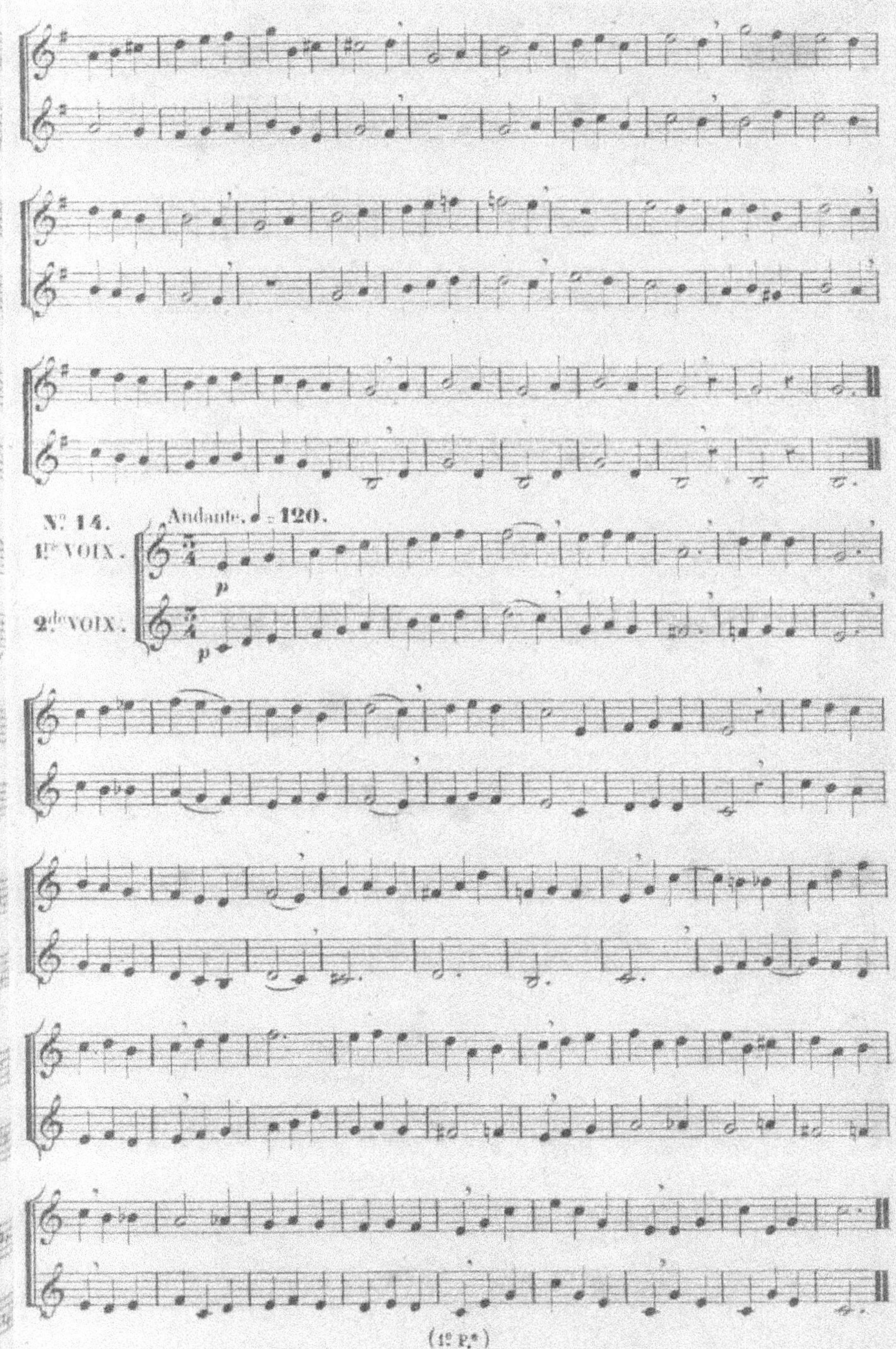
N° 14.
1re VOIX.
2de VOIX.
Andante. ♩= 120.

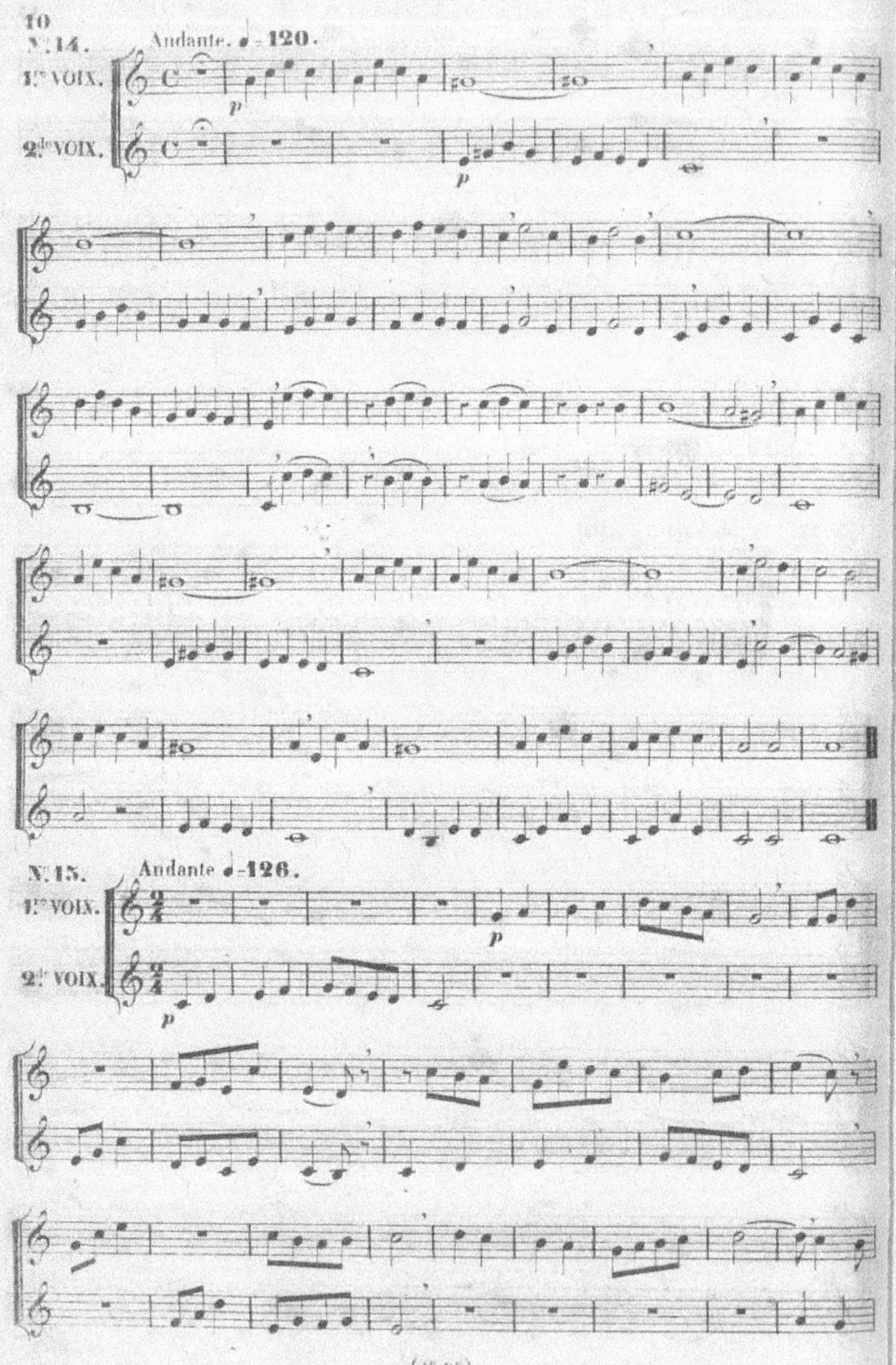
N°. 14.
Andante. ♩ = 120.
1re VOIX.
2de VOIX.
p
p
N°. 15.
Andante ♩ = 126.
1re VOIX.
2de VOIX.
p
p

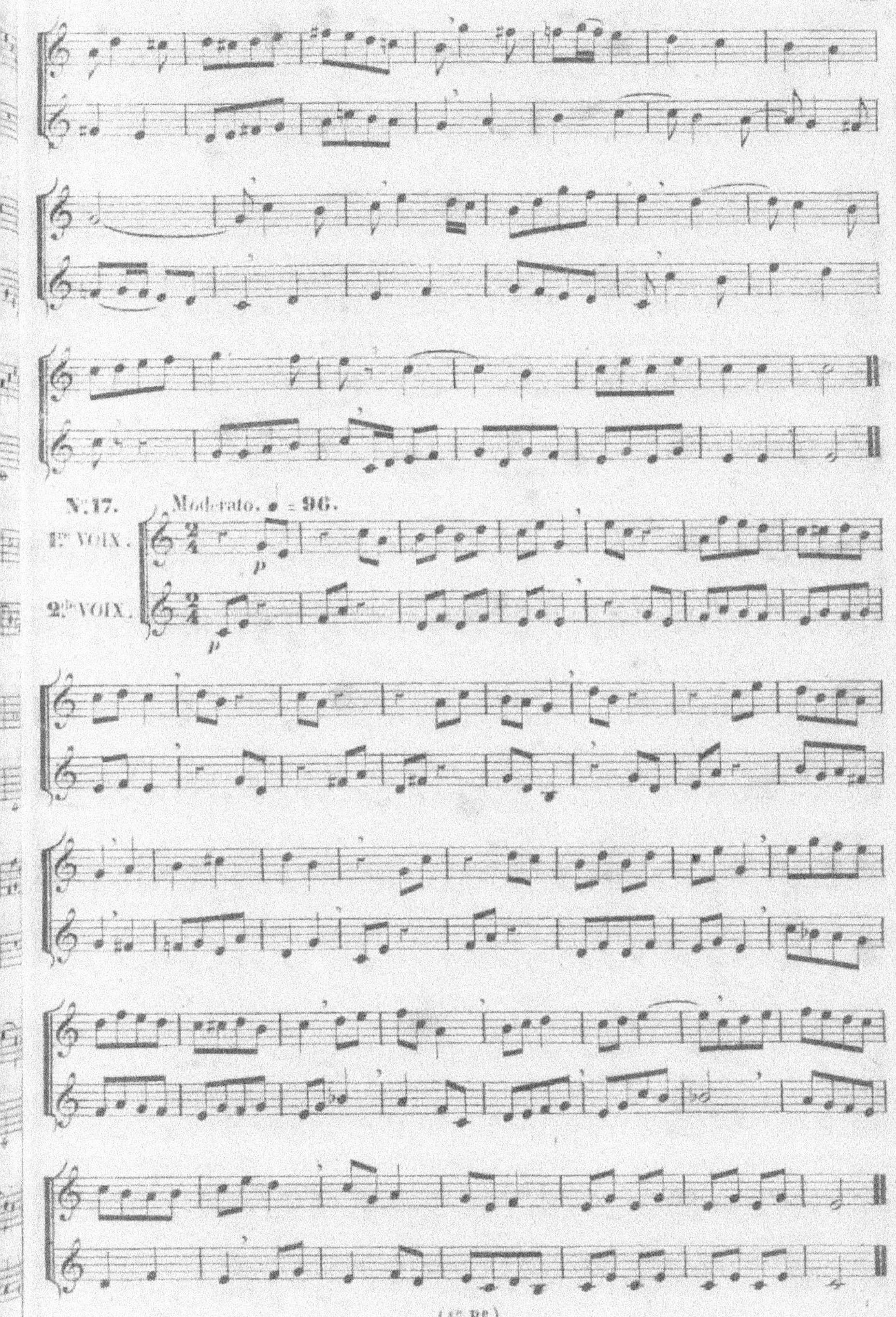
N°17.
Moderato. ♩ = 96.
1re VOIX.
2de VOIX.
p
p
(1e Pe)

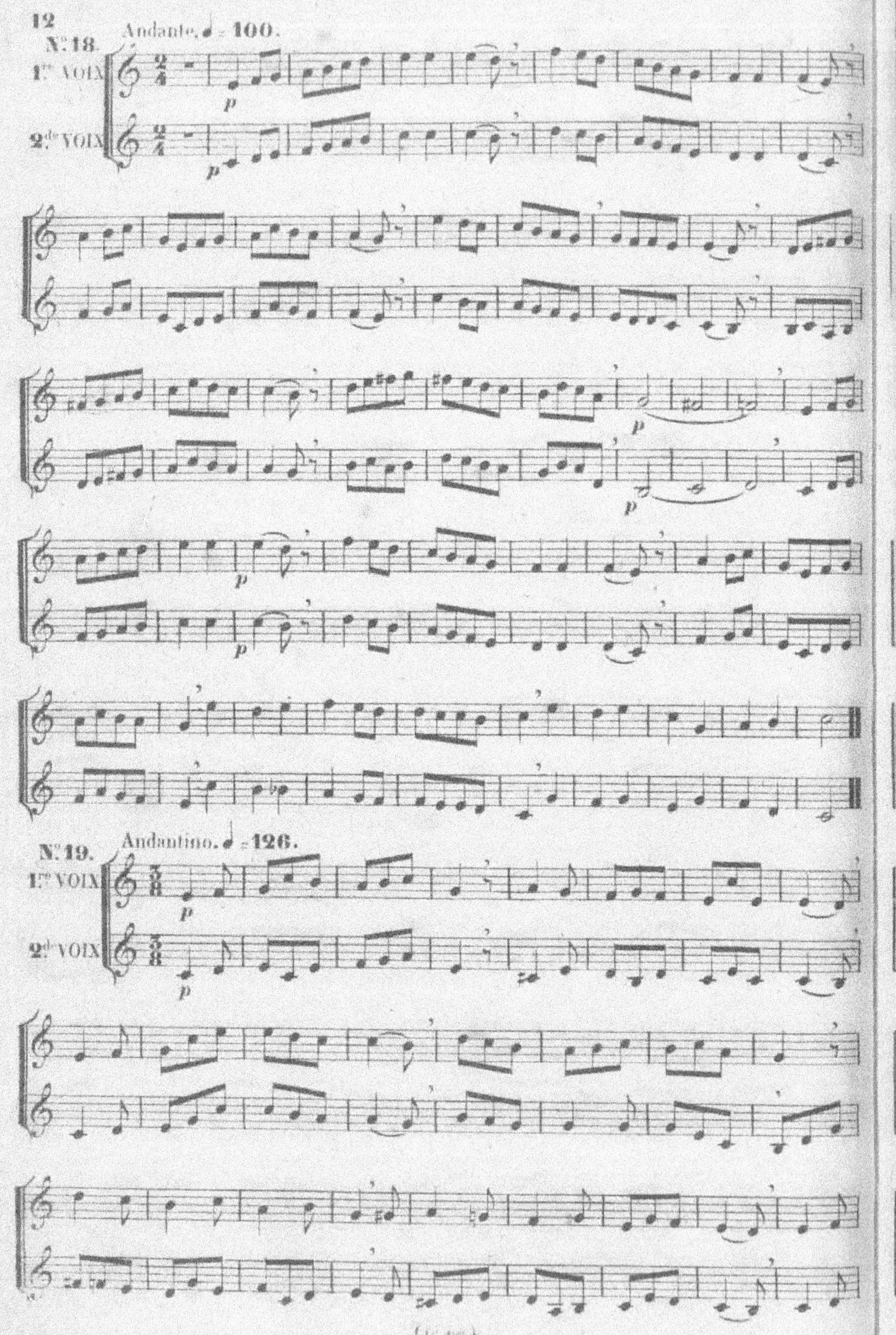
N.° 18.
Andante. 𝅗𝅥 = 100.
1.re VOIX
2.de VOIX
p
N.° 19.
Andantino. 𝅗𝅥 = 126.
1.re VOIX
2.de VOIX
p

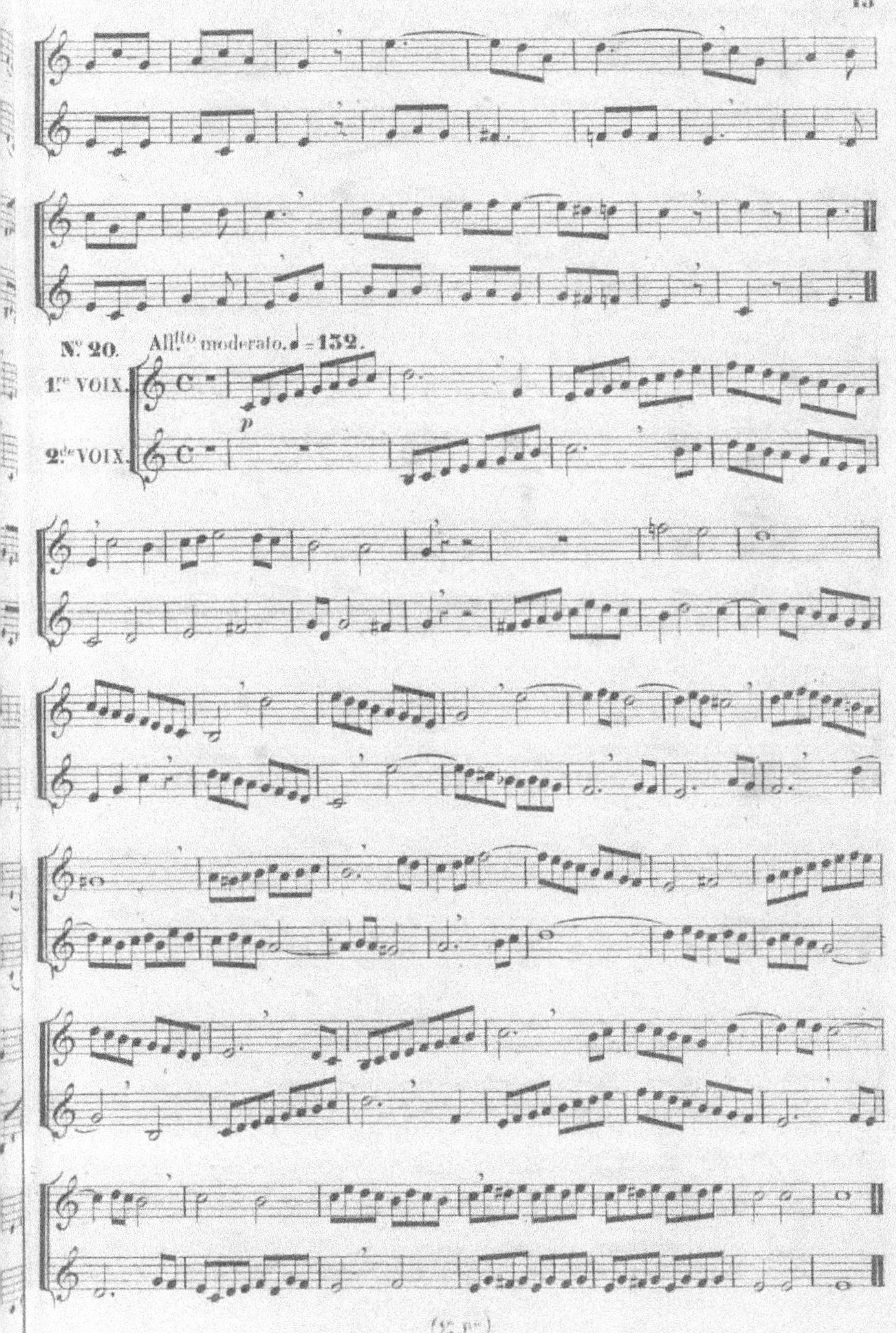
N° 20. Allt° moderato. ♩ = 132.
1re VOIX.
2de VOIX.
p

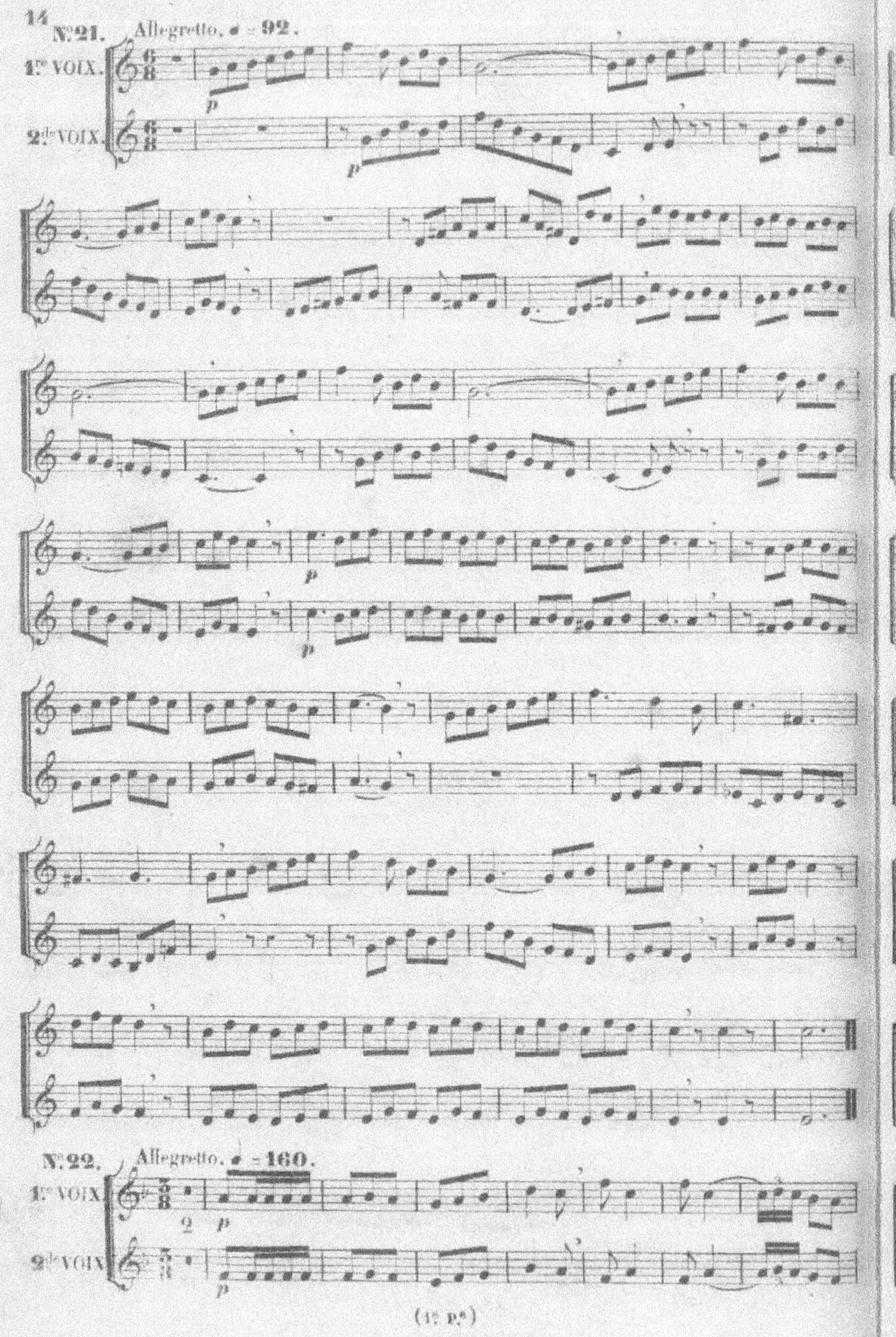
N.º 21.
Allegretto. ♩. = 92.
1.re VOIX.
2.de VOIX.
p
N.º 22.
Allegretto. ♩ = 160.
1.re VOIX.
2.de VOIX.
p

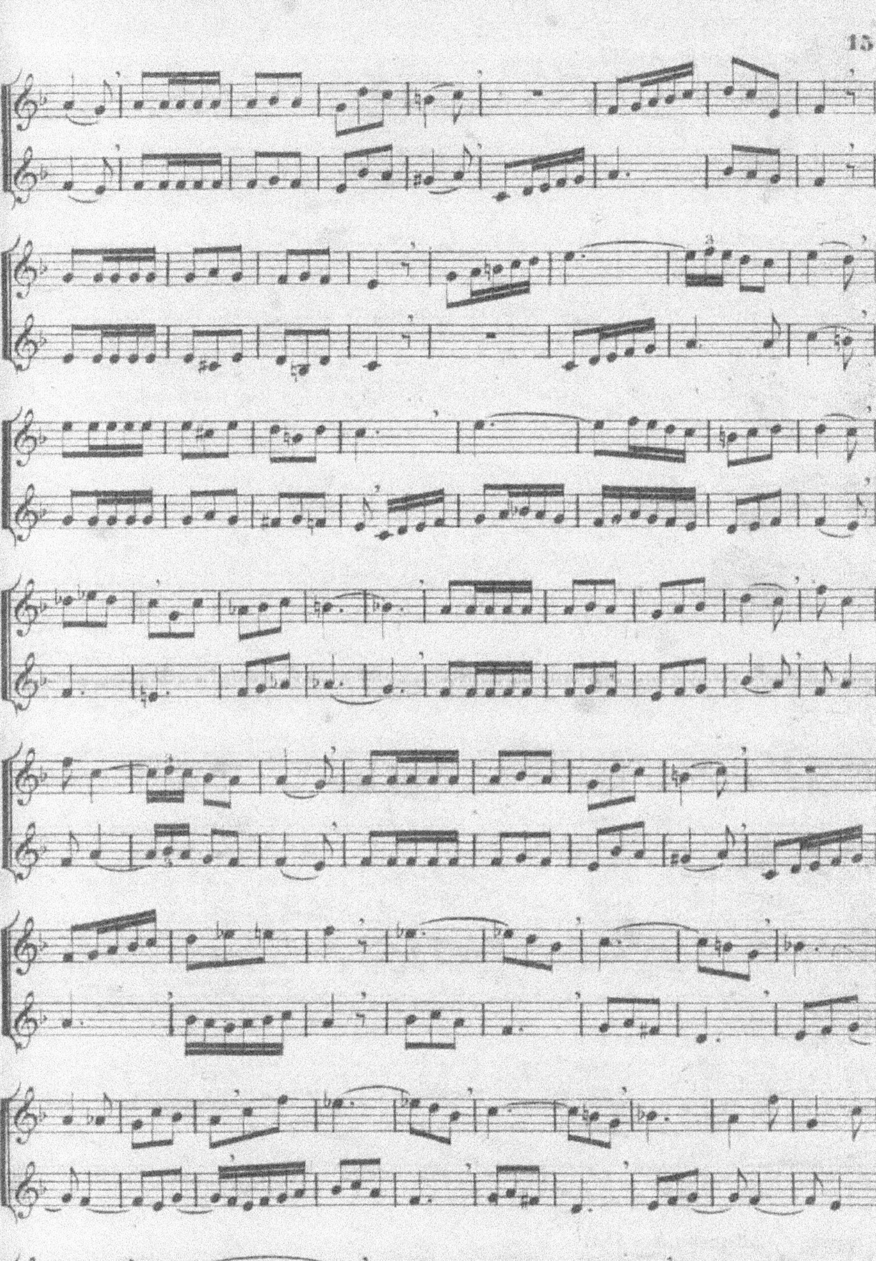

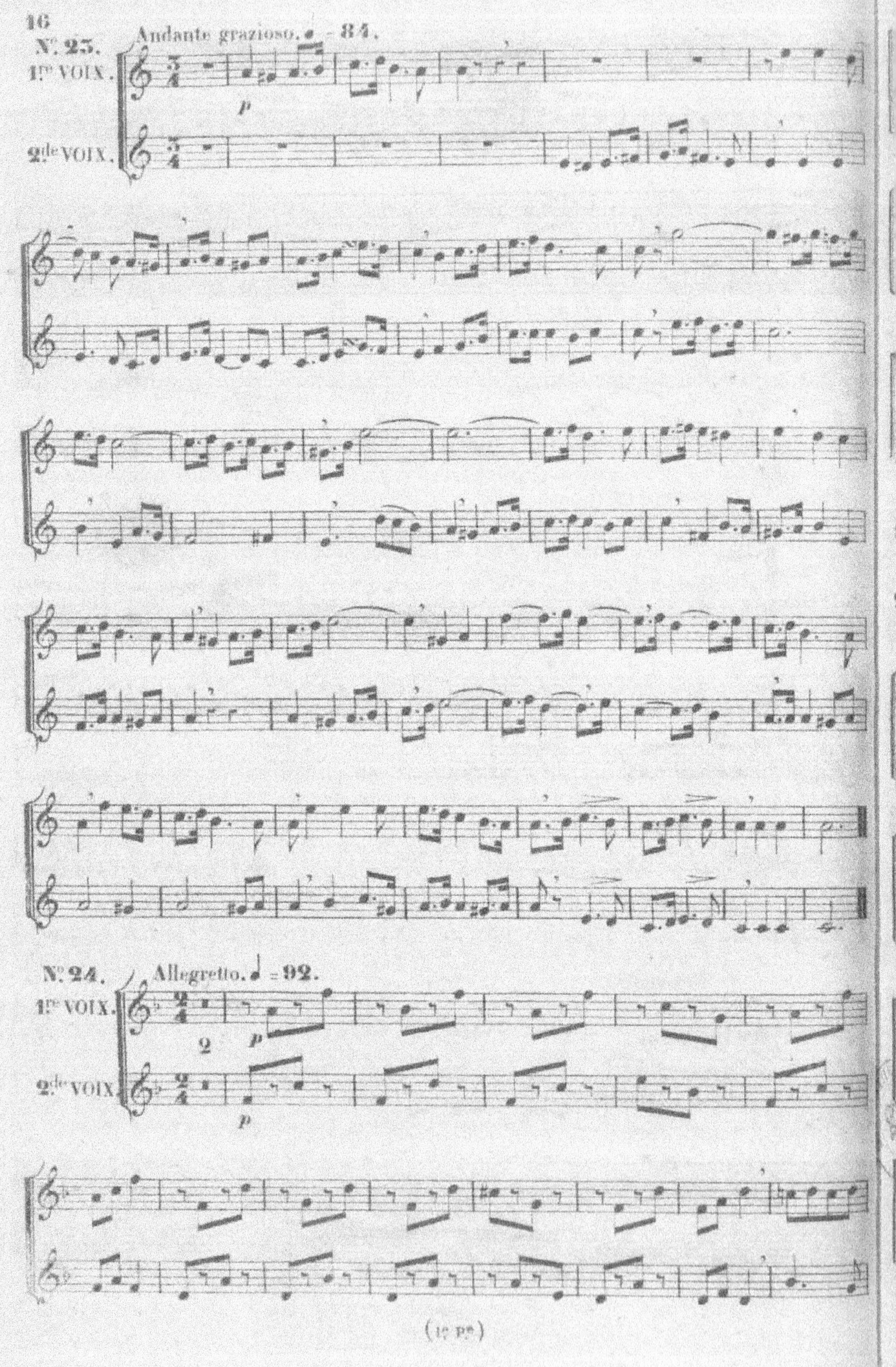
N°. 23.
Andante grazioso. ♩ = 84.
1re VOIX.
2de VOIX.
p
N°. 24.
Allegretto. ♩ = 92.
1re VOIX.
2de VOIX.
p
2
p

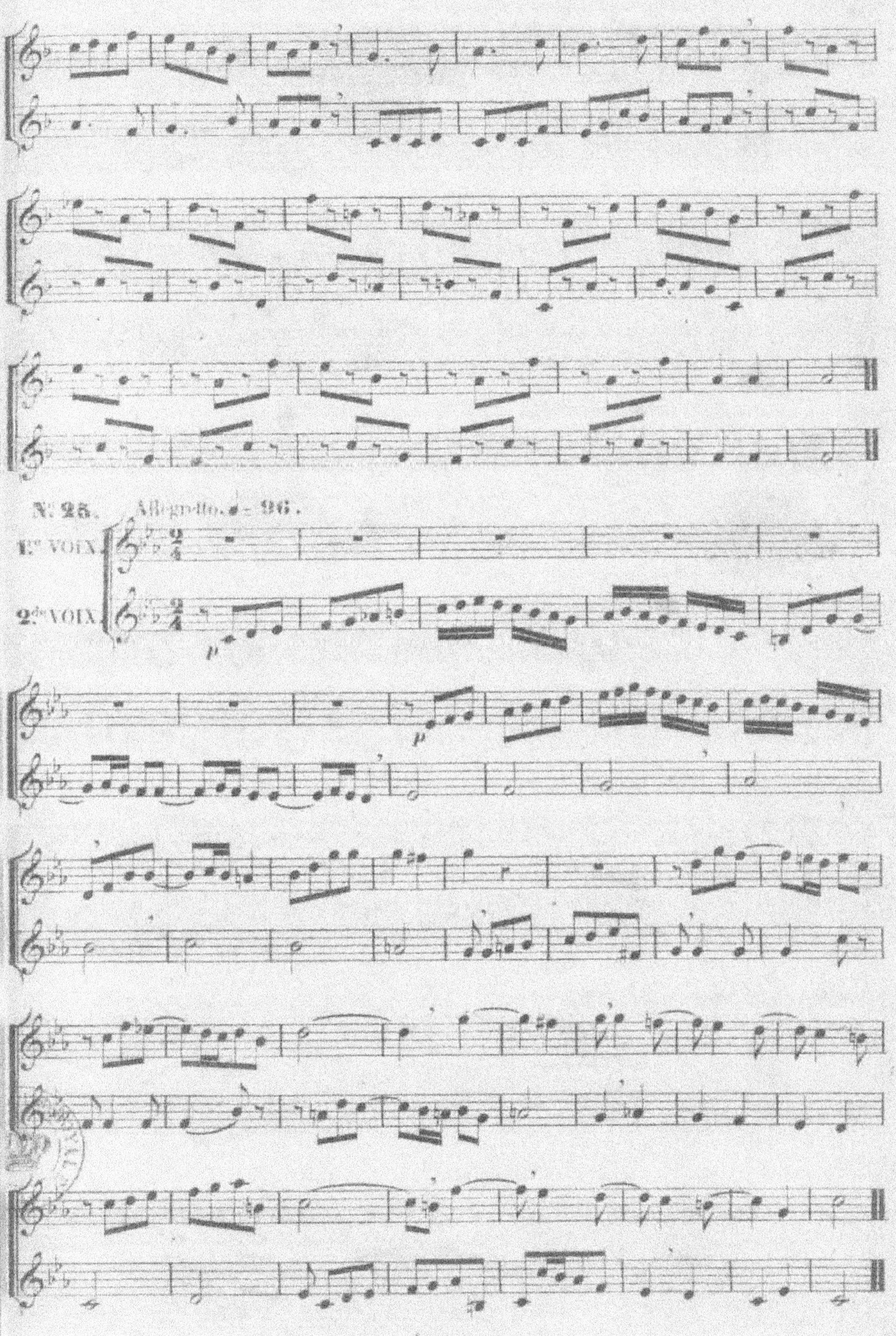
N° 25. Allegretto. ♩= 96.
1re VOIX.
2de VOIX.
p
p

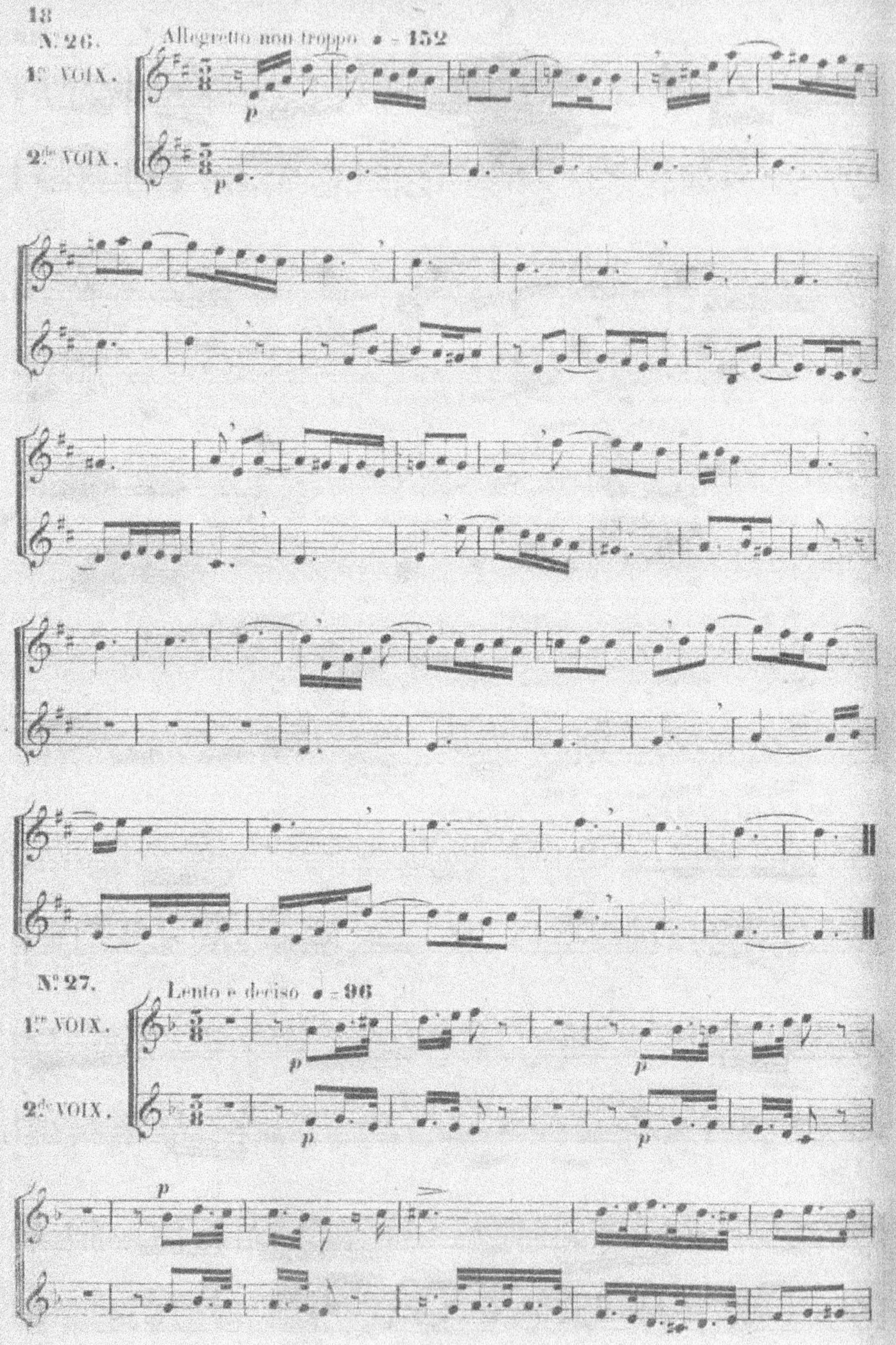
N° 26.
Allegretto non troppo ♩ = 152
1re VOIX.
2de VOIX.
p
N° 27.
Lento e deciso ♩ = 96
1re VOIX.
2de VOIX.
p

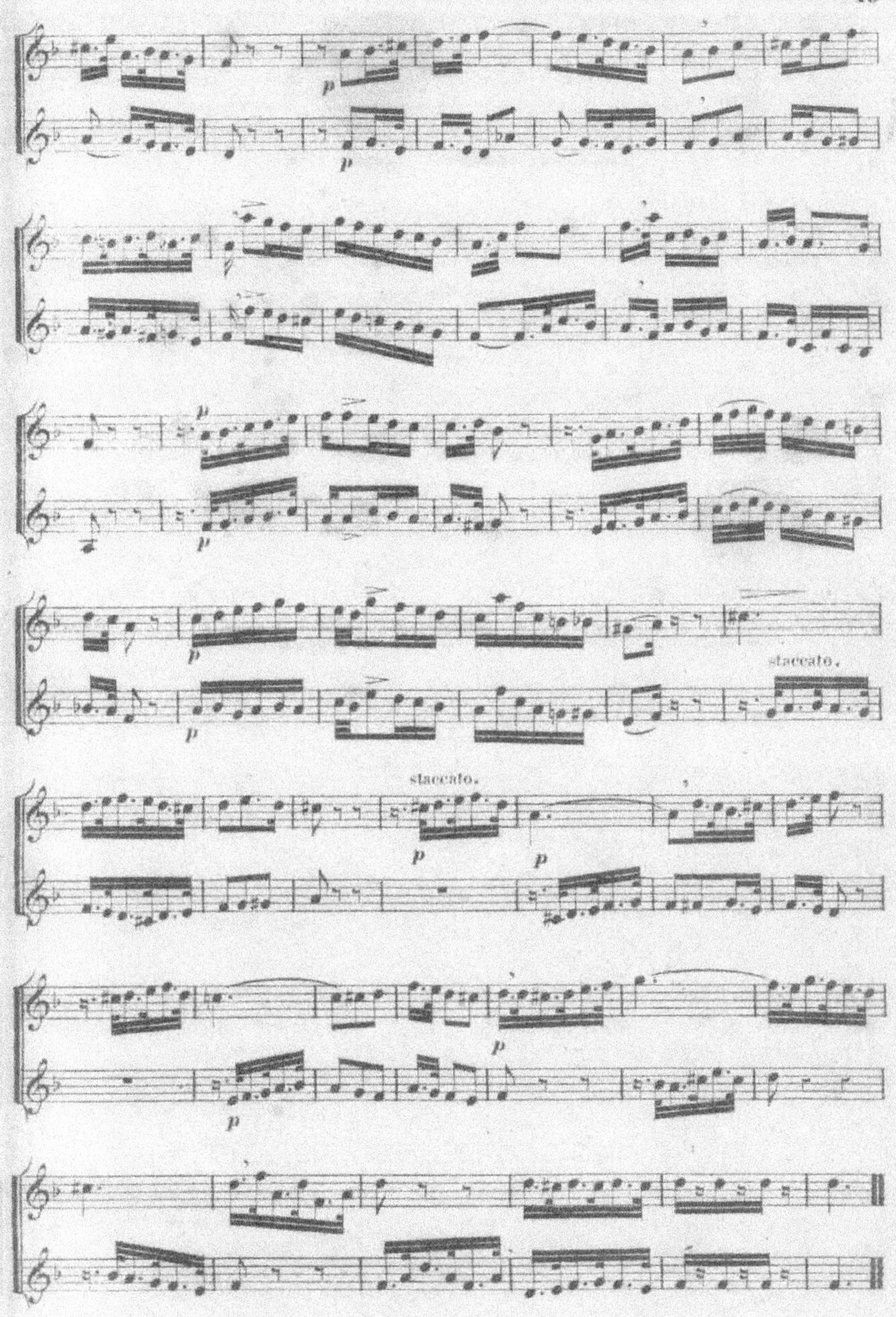

(1^e P^e)

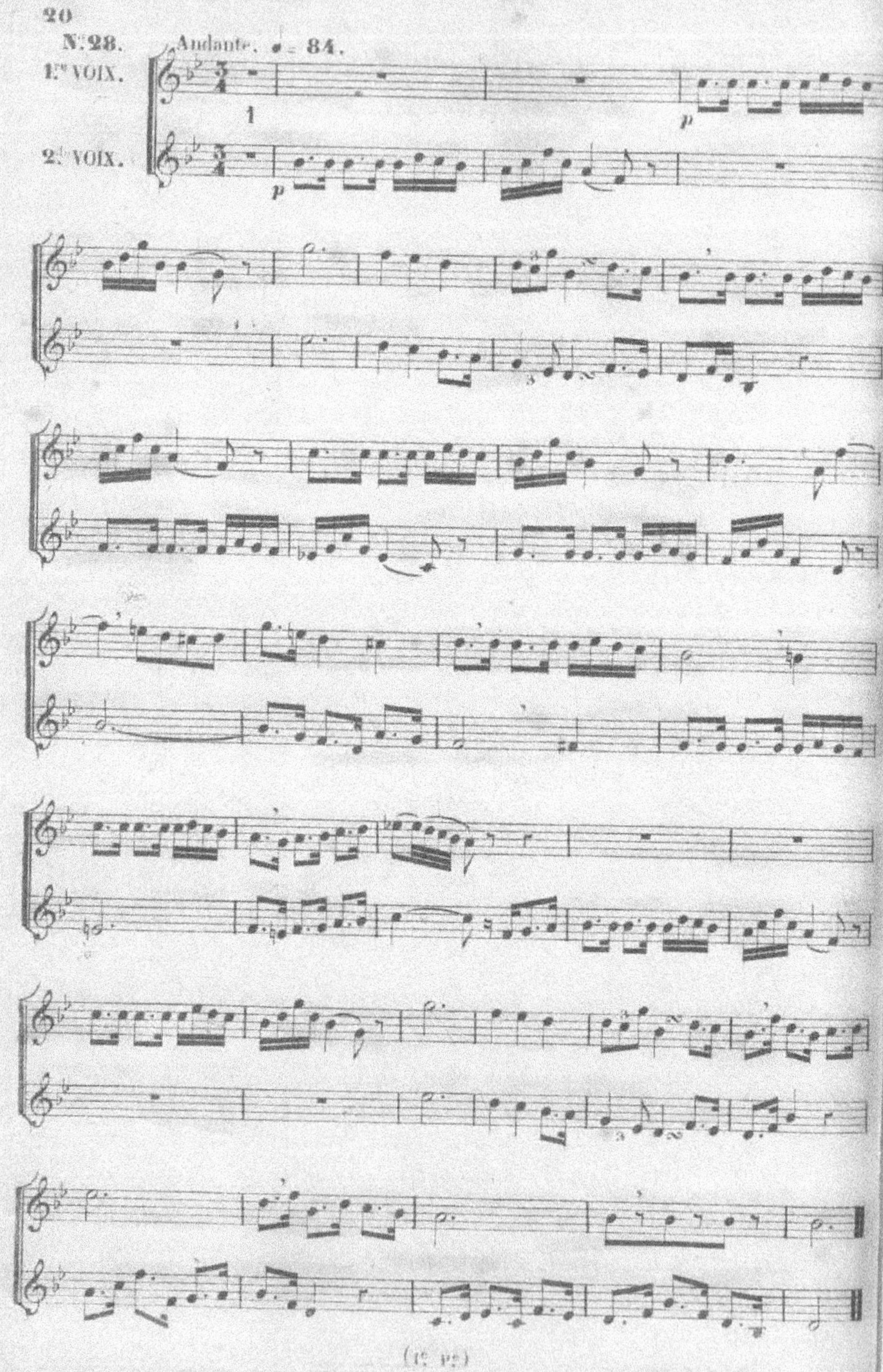
N.º 28.
Andante. ♩= 84.
1.re VOIX.
2.de VOIX.
1

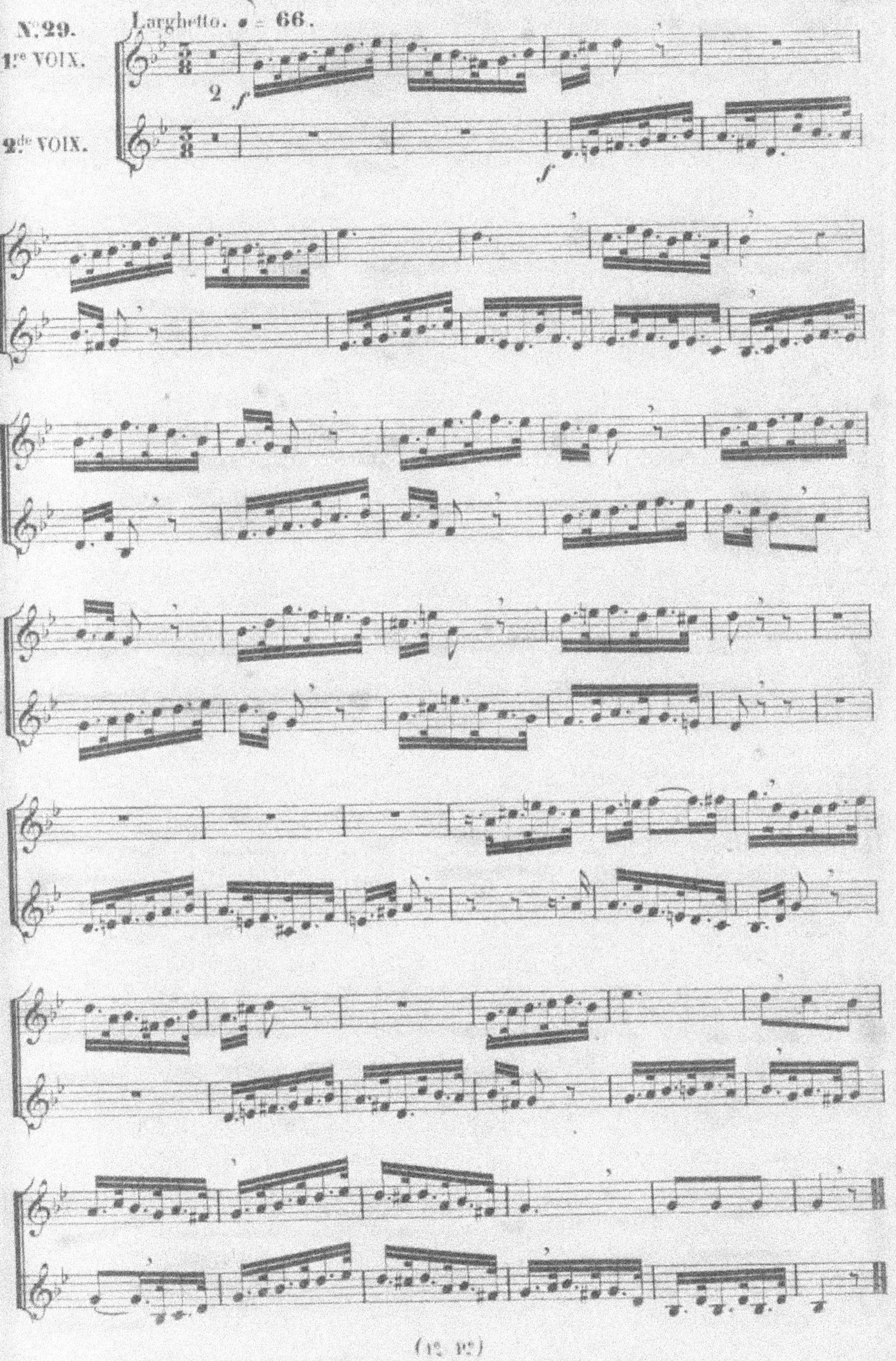

N° 29.

Larghetto. ♪ = 66.

1re VOIX.

2de VOIX.

2

f

f

N°. 30. Andante grazioso. ♩ = 120.

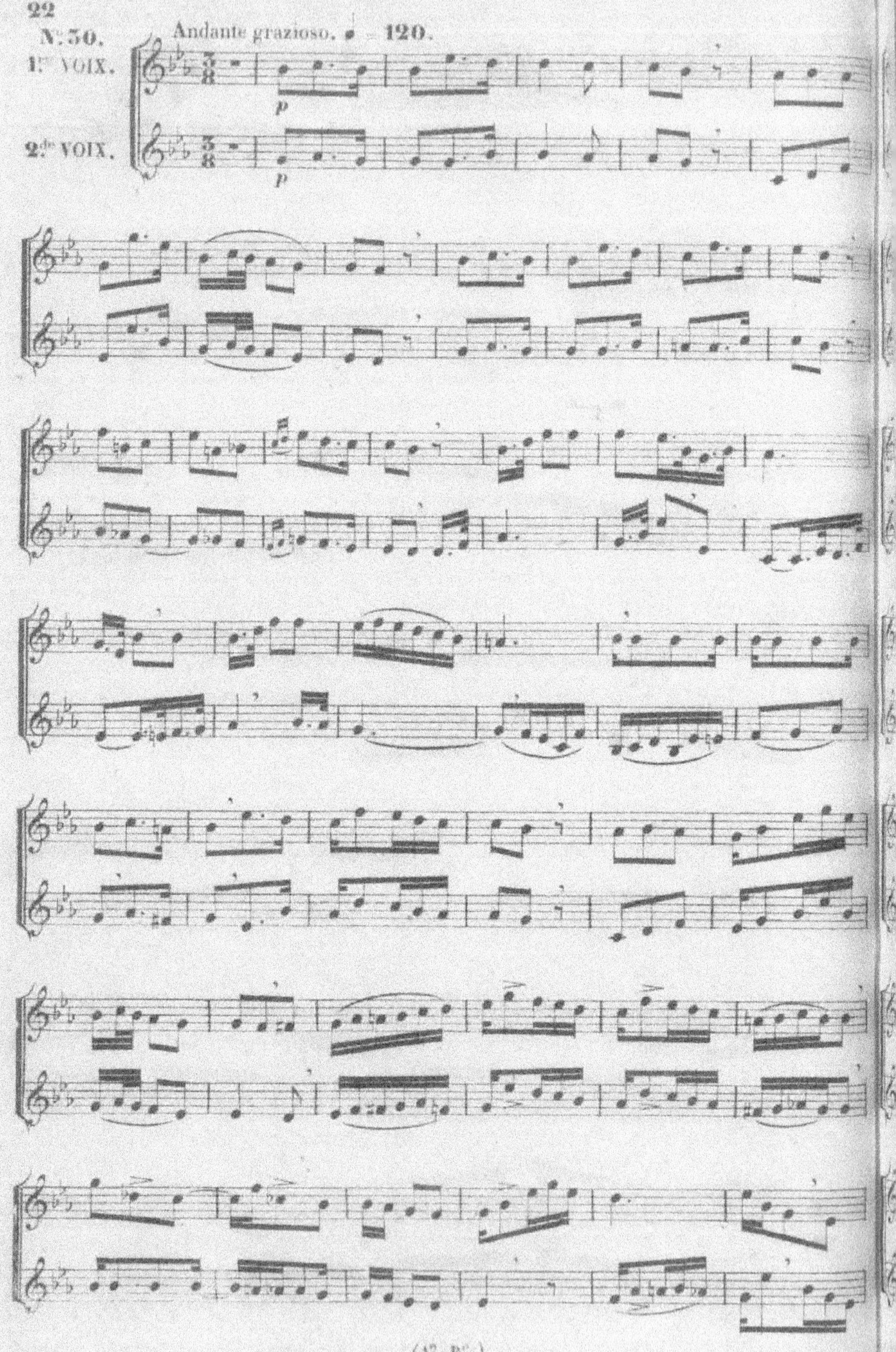

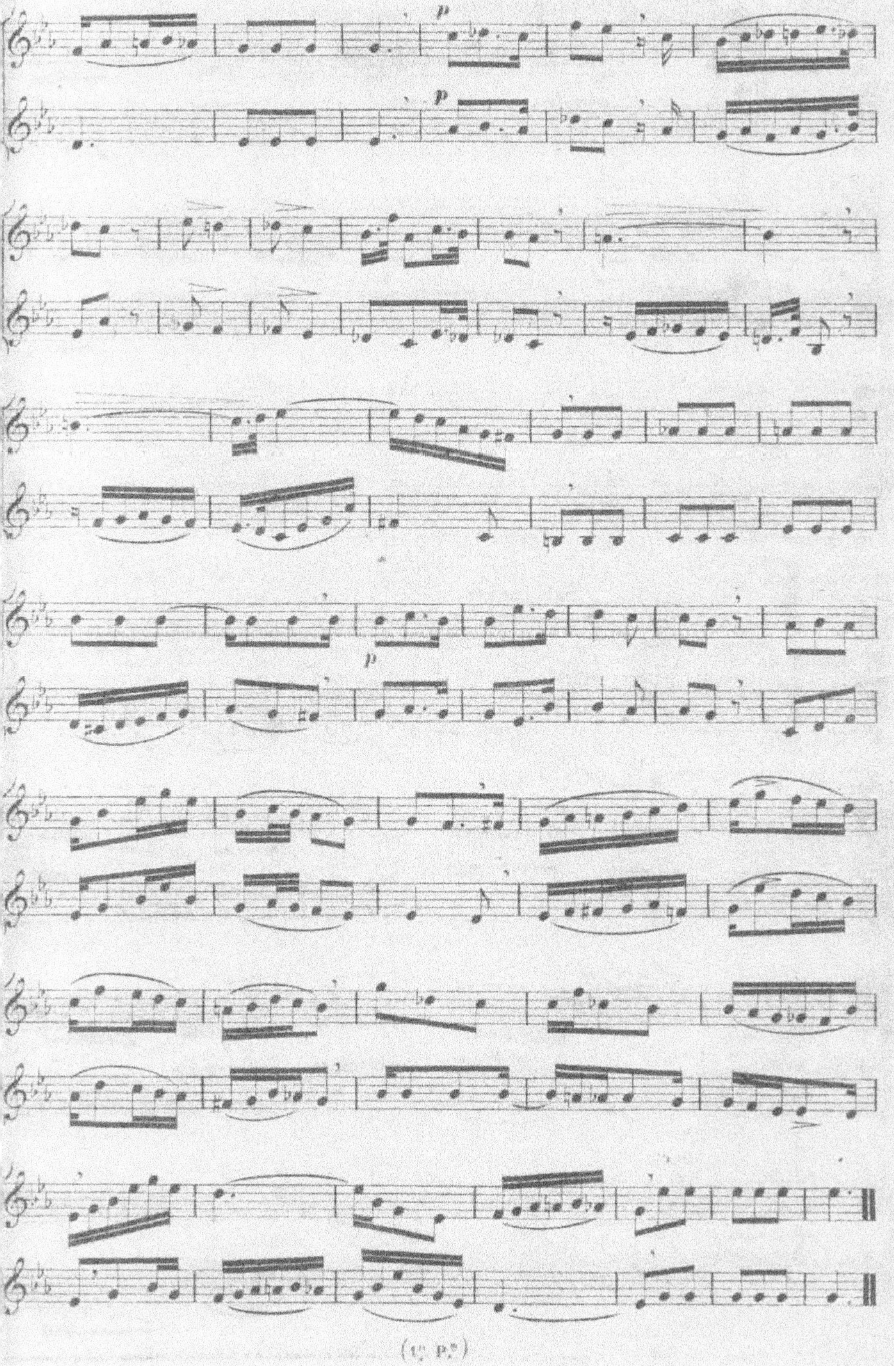
p
p
p

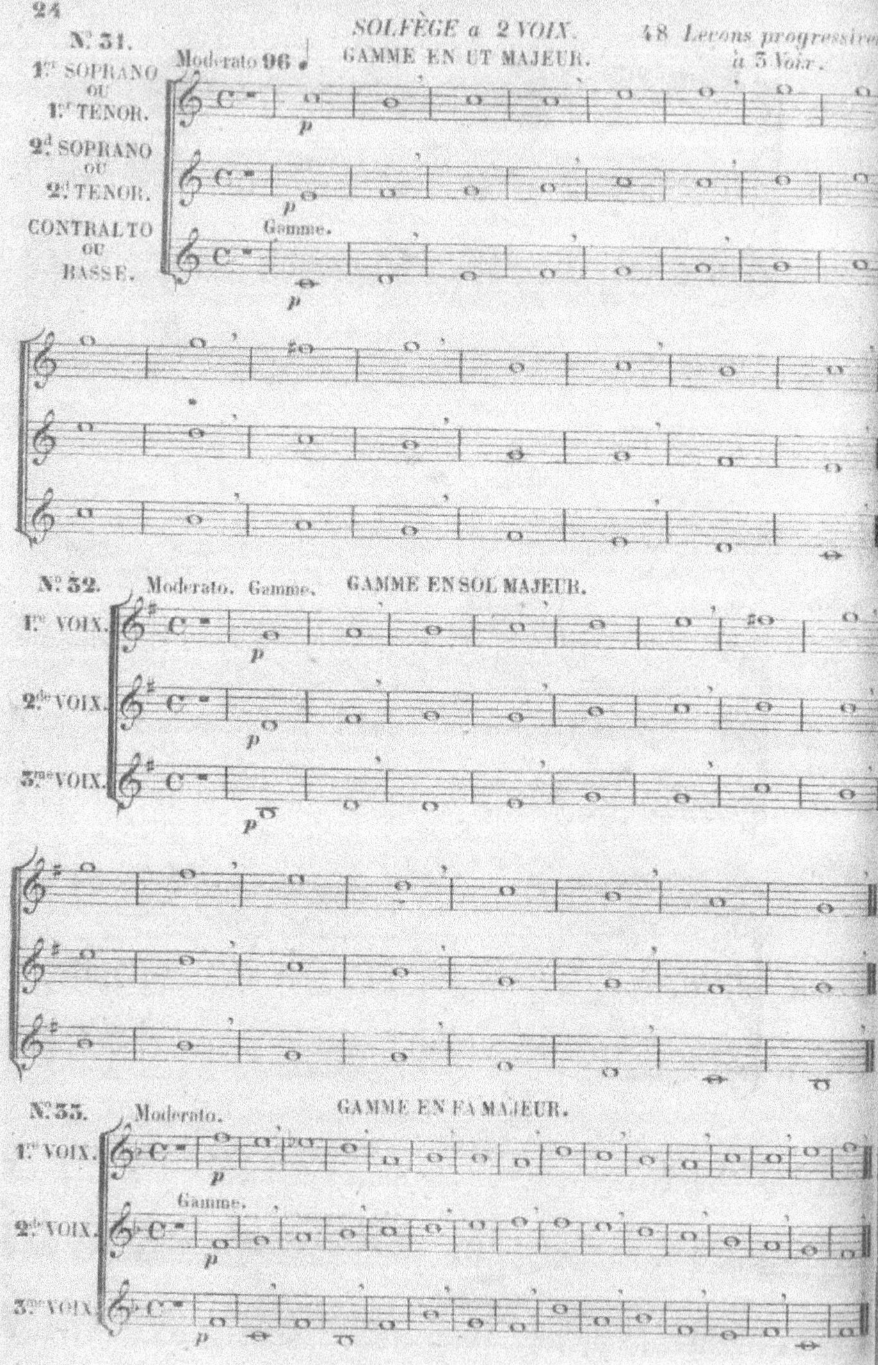

Après avoir solfié les gammes il faudra les vocaliser sur A. (1e Pe)

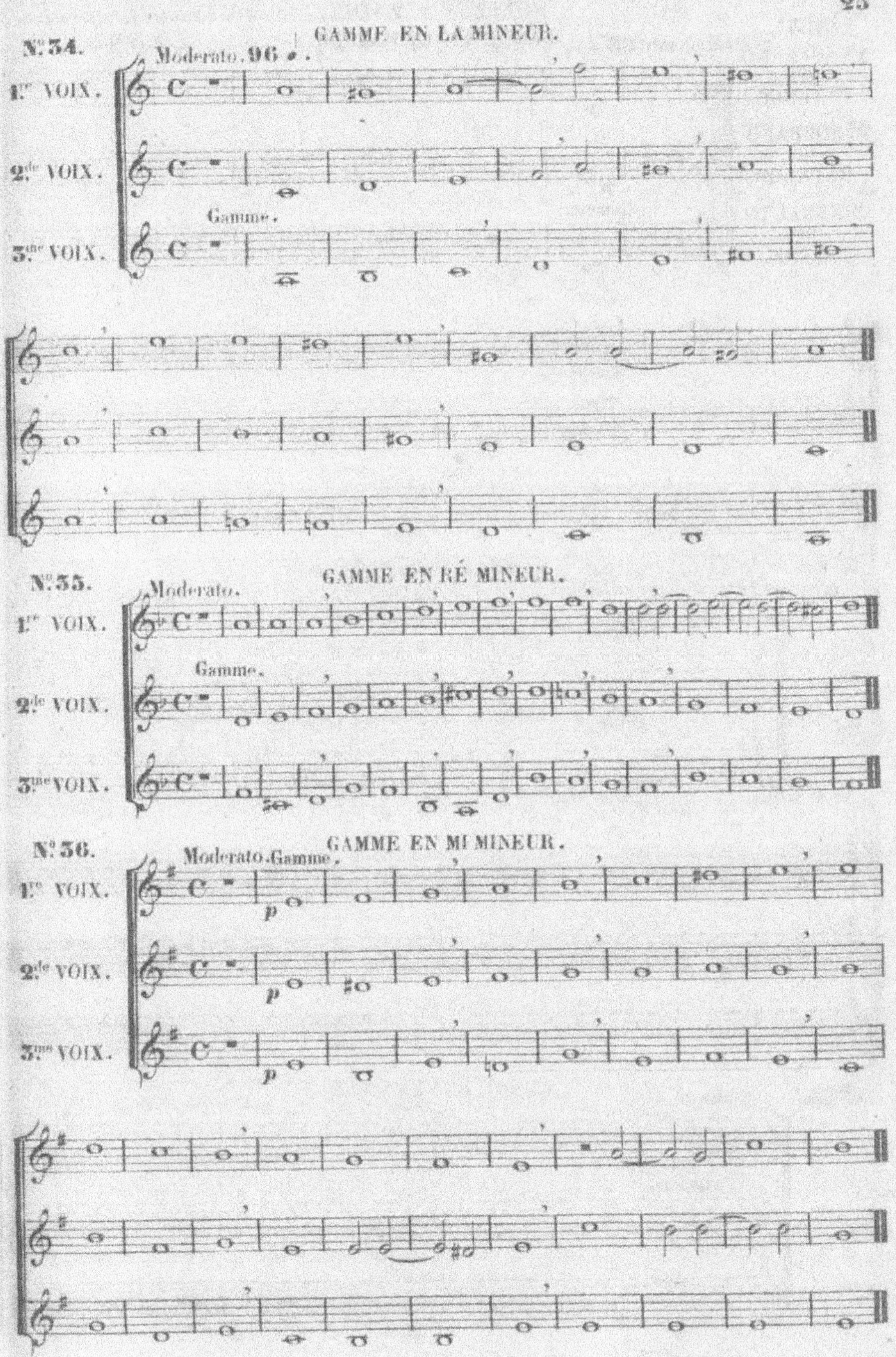
N.º 34.
GAMME EN LA MINEUR.
Moderato. 96
1.re VOIX.
2.de VOIX.
Gamme.
3.me VOIX.
N.º 35.
GAMME EN RÉ MINEUR.
Moderato.
1.re VOIX.
Gamme.
2.de VOIX.
3.me VOIX.
N.º 36.
GAMME EN MI MINEUR.
Moderato. Gamme.
1.re VOIX.
2.de VOIX.
3.me VOIX.

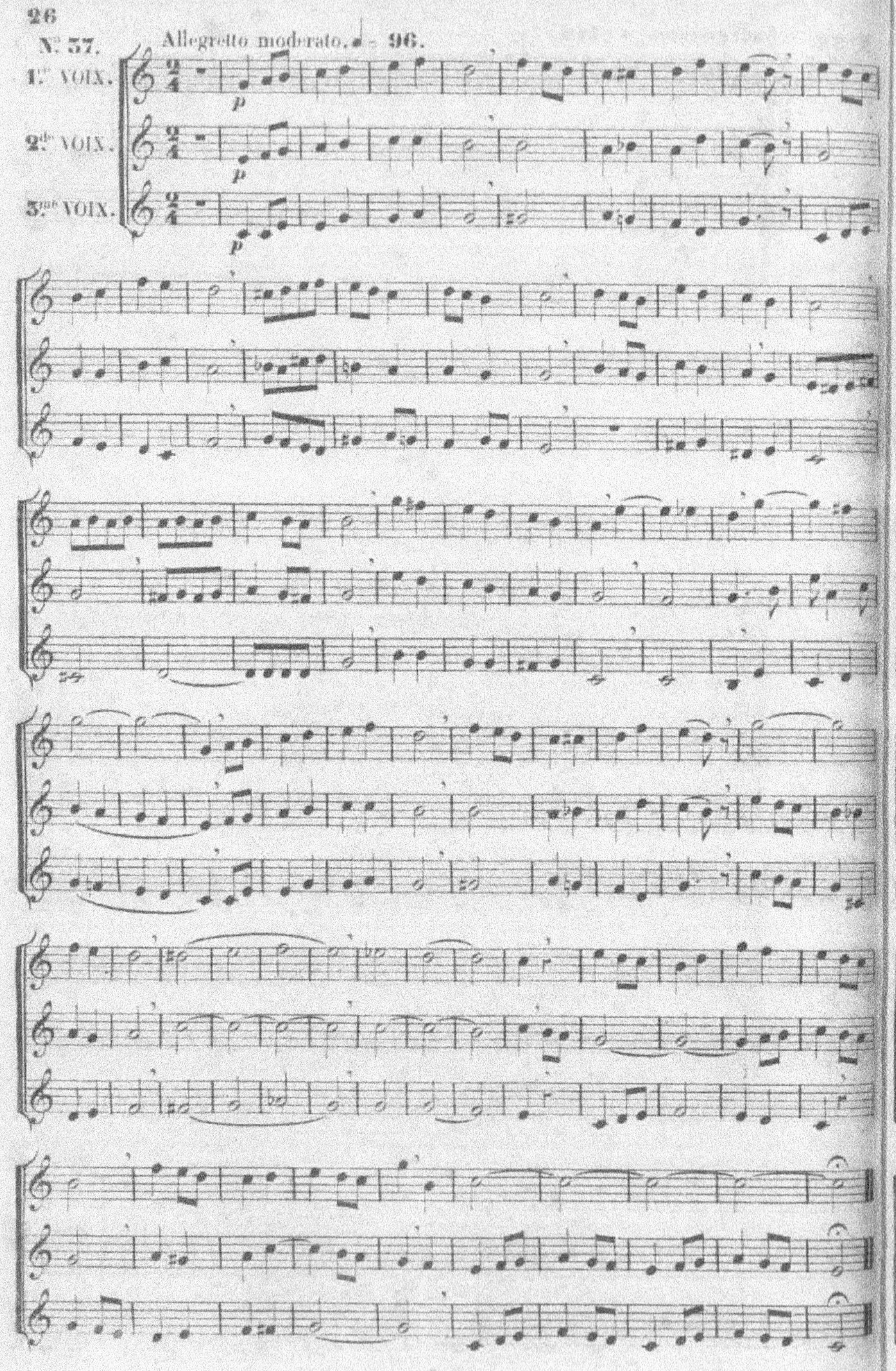
N° 37.
Allegretto moderato. ♩ = 96.
1.re VOIX.
2.de VOIX.
3.me VOIX.
p
p
p

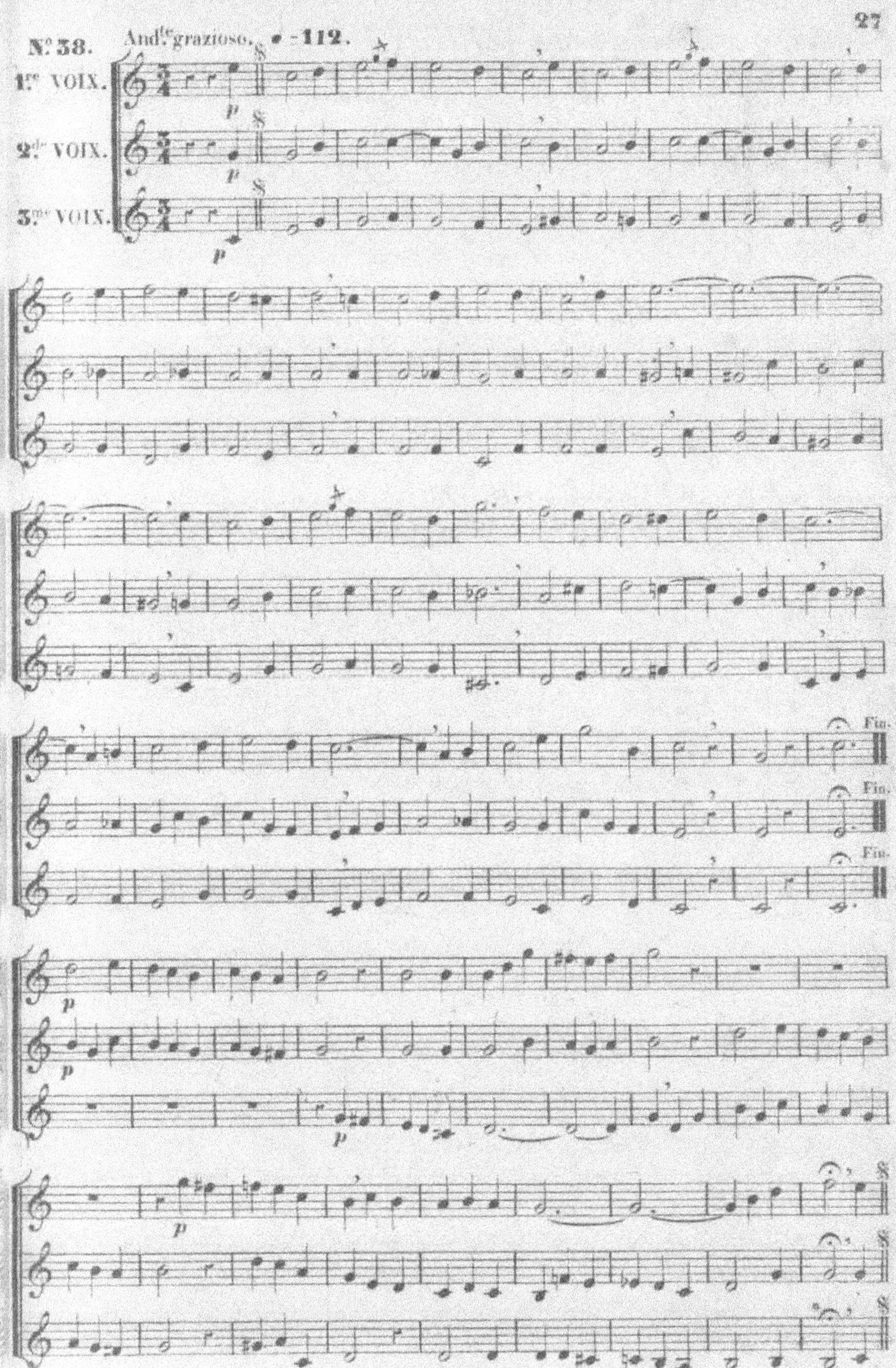
N° 38.
And.te grazioso. ♩ = 112.
1.re VOIX.
2.de VOIX.
3.me VOIX.
p
Fin.

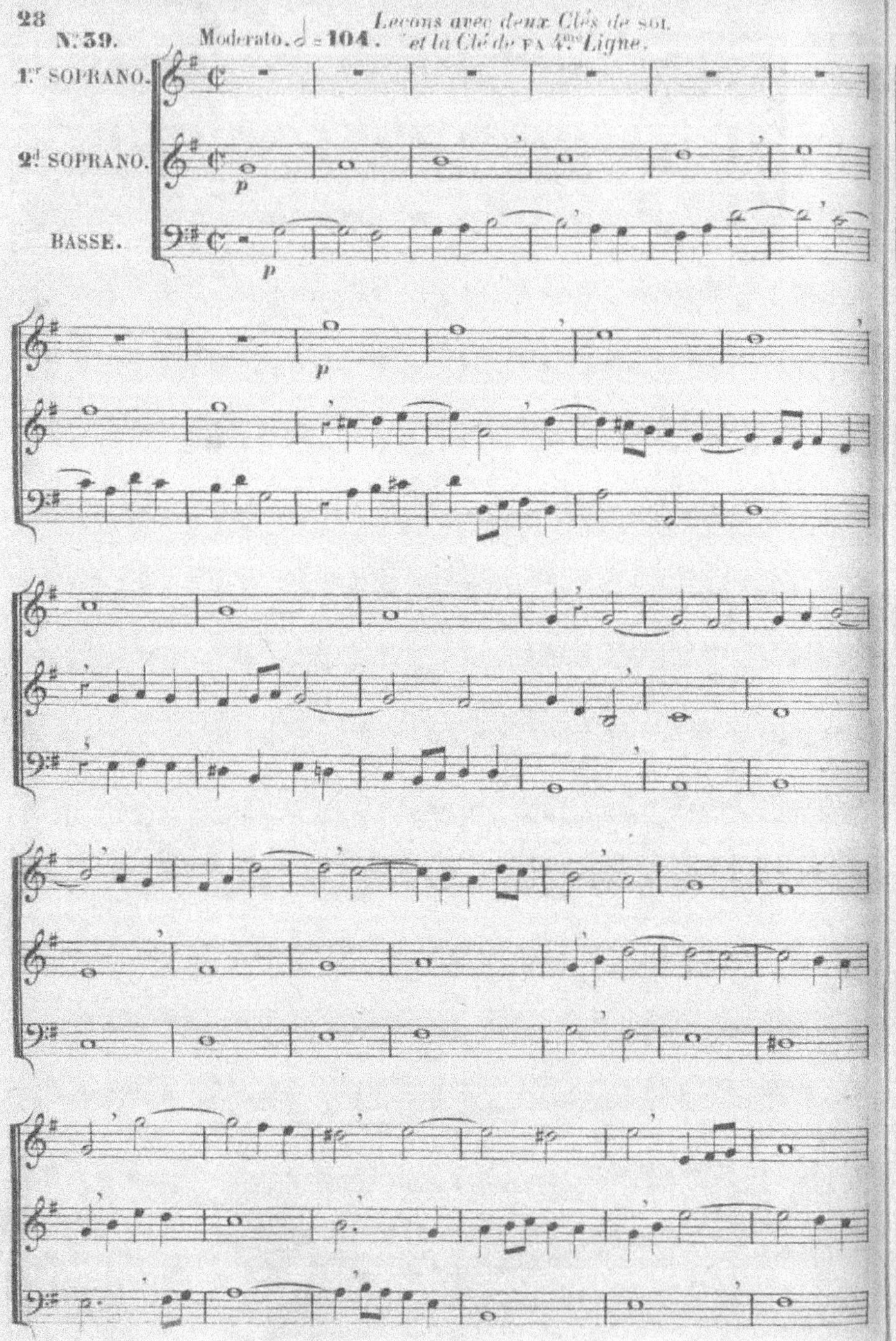
N.° 39.
Moderato. 𝅗𝅥 = 104.
Leçons avec deux Clés de sol et la Clé de FA 4.me Ligne.
1.er SOPRANO.
2.d SOPRANO.
BASSE.
p
p
p

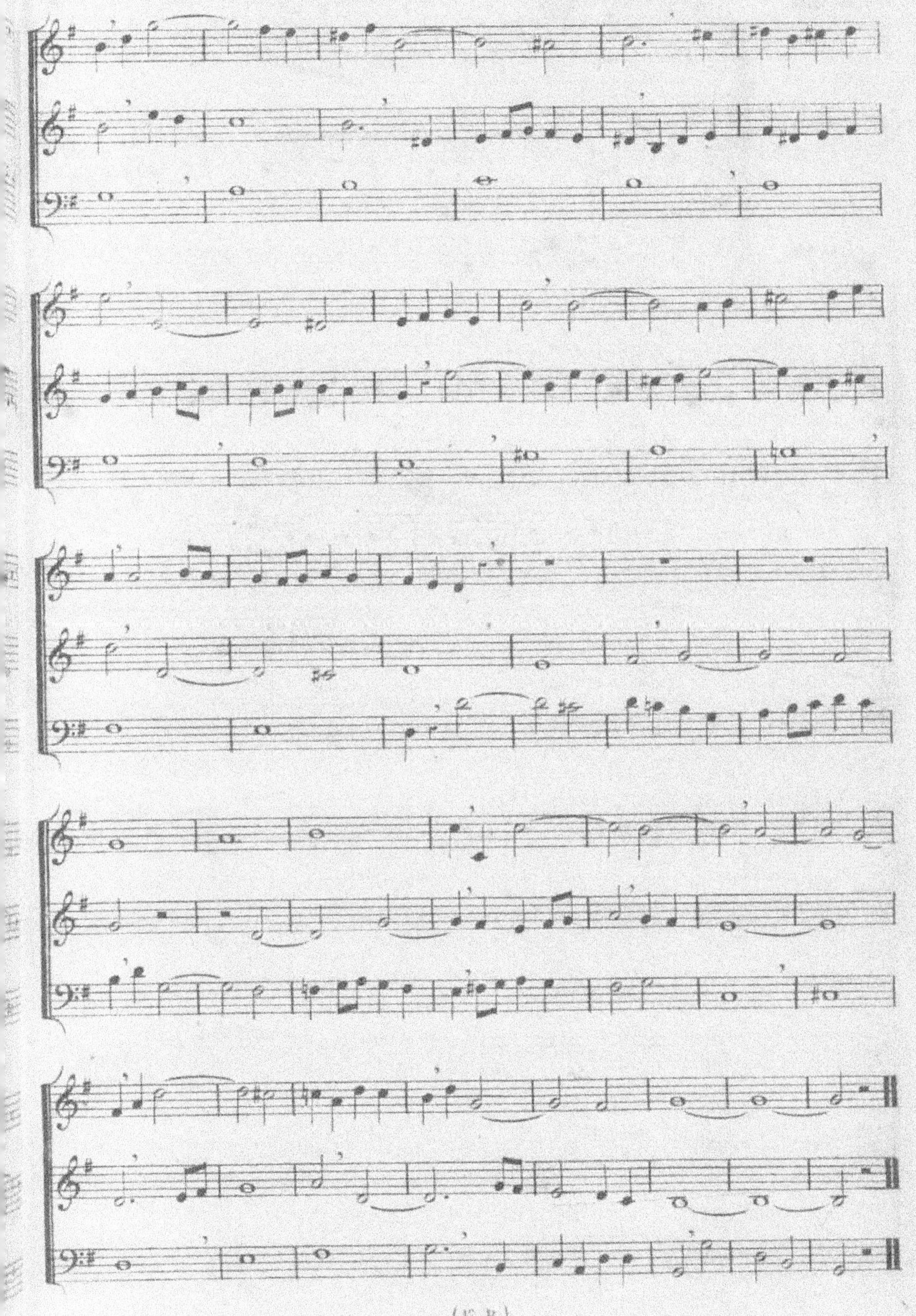

(F. P.)

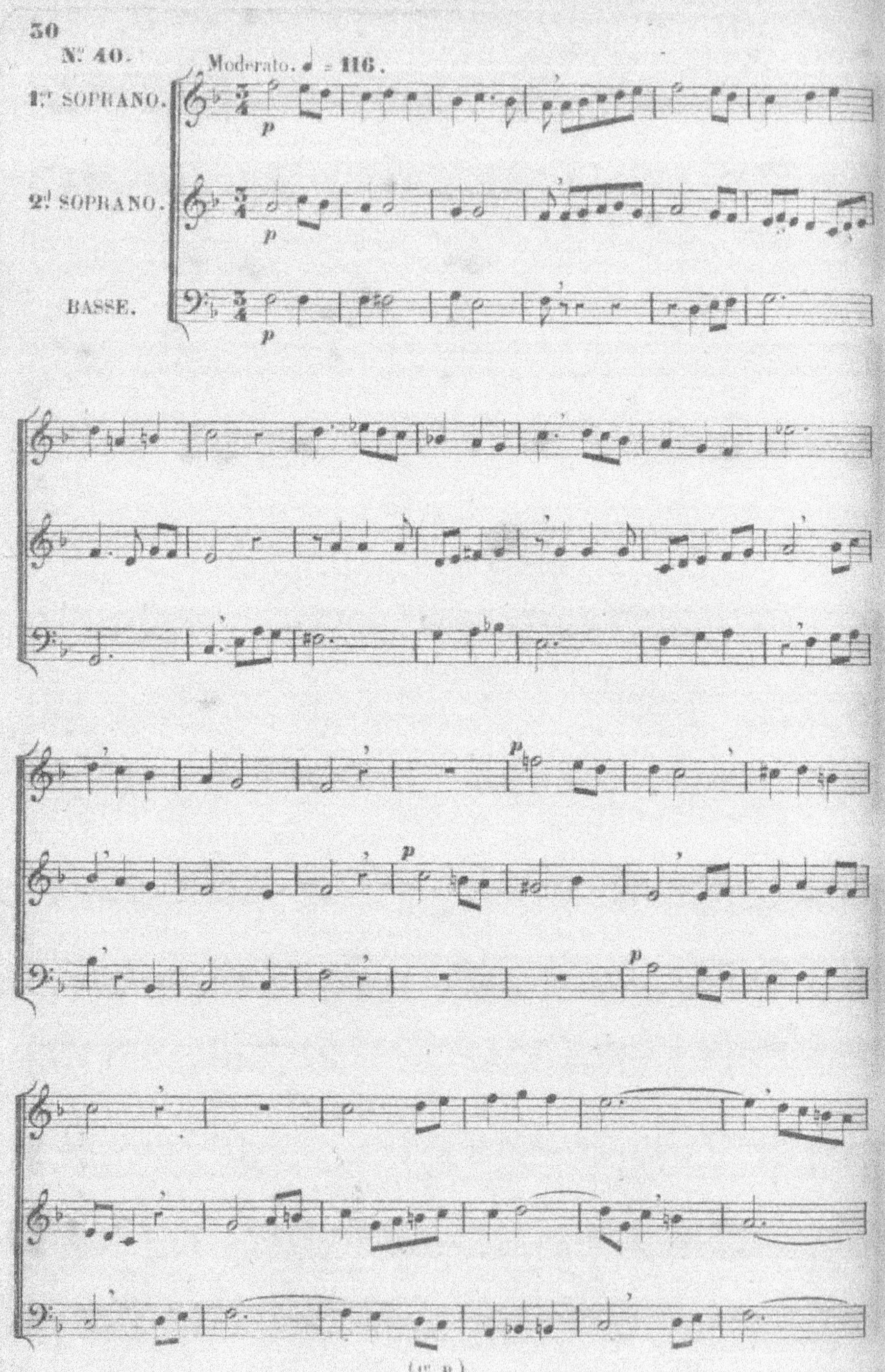
30
Nº 40.
Moderato. ♩ = 116.
1r SOPRANO.
2d SOPRANO.
BASSE.
(1r P.)

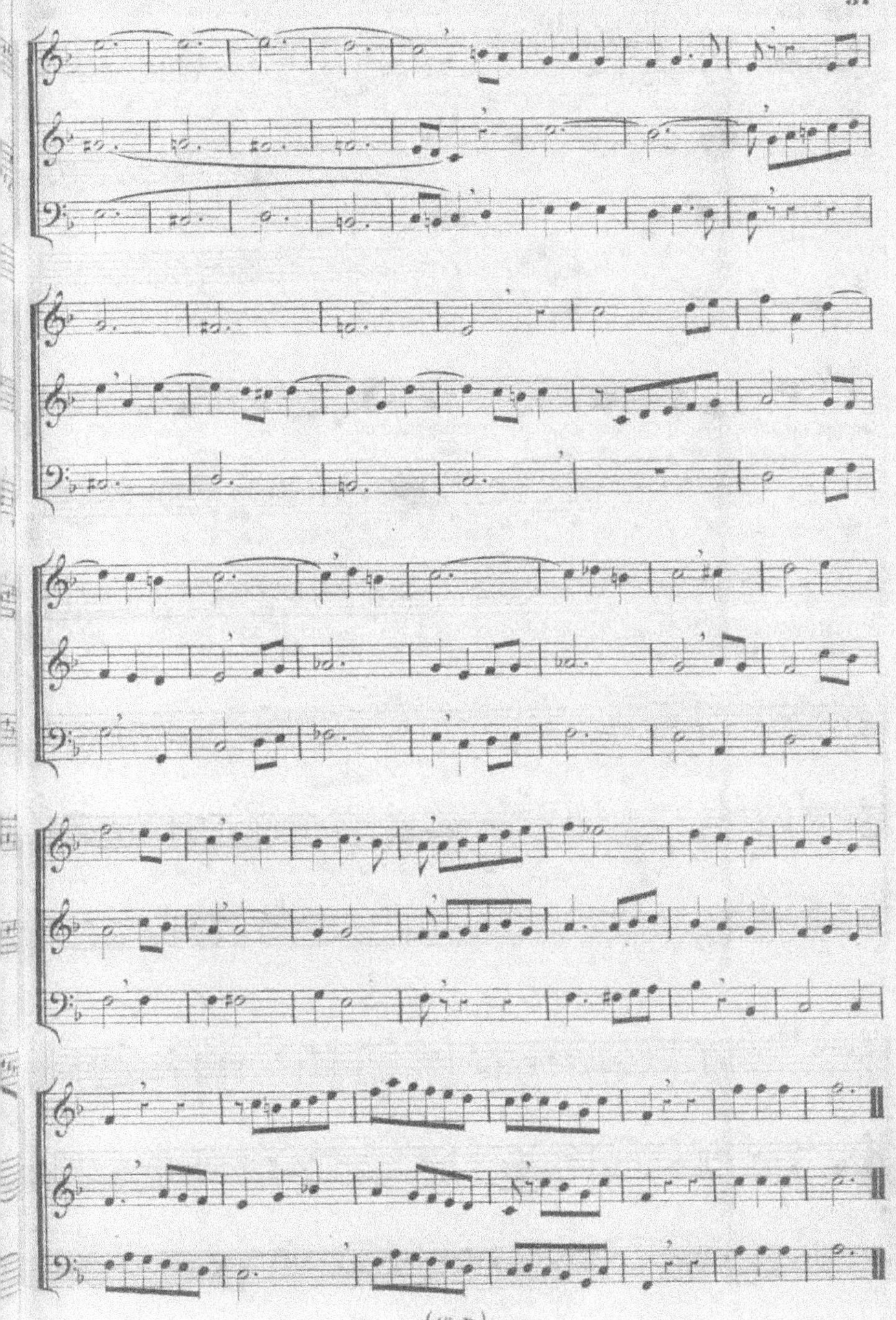

DIFFÉRENTES GAMMES A 3 PARTIES.

N° 41.

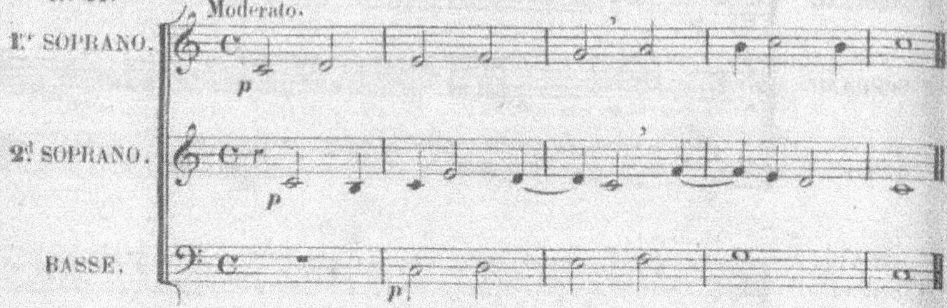

Moderato.

1er SOPRANO.

2d SOPRANO.

BASSE.

N° 42.

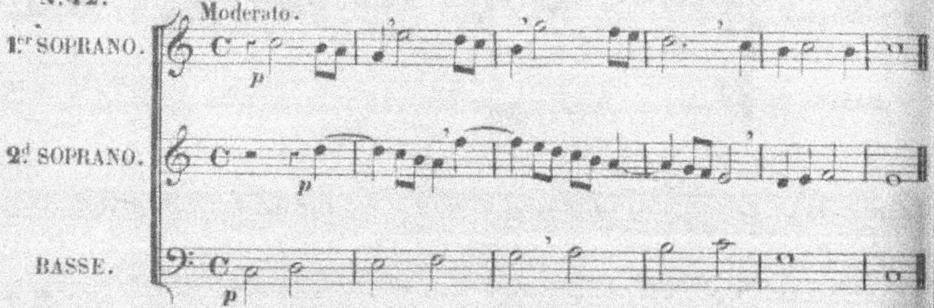

Moderato.

1er SOPRANO.

2d SOPRANO.

BASSE.

N° 43.

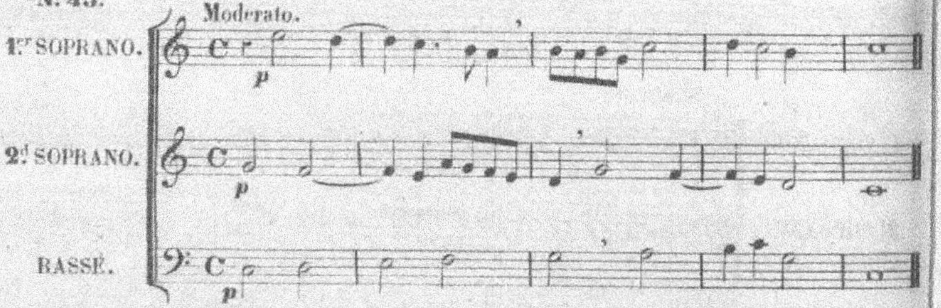

Moderato.

1er SOPRANO.

2d SOPRANO.

BASSE.

N° 44.

Moderato.

1er SOPRANO.

2d SOPRANO.

BASSE.

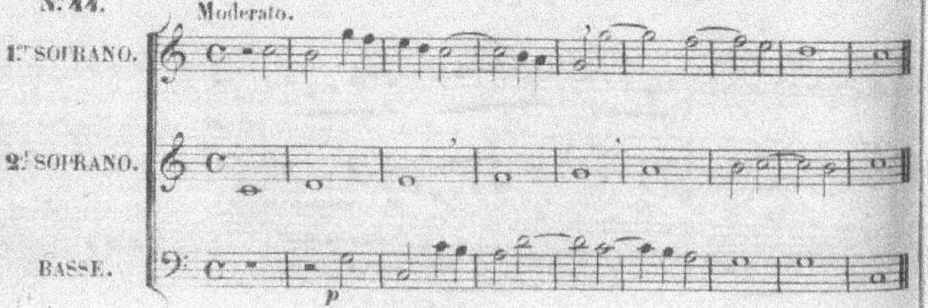

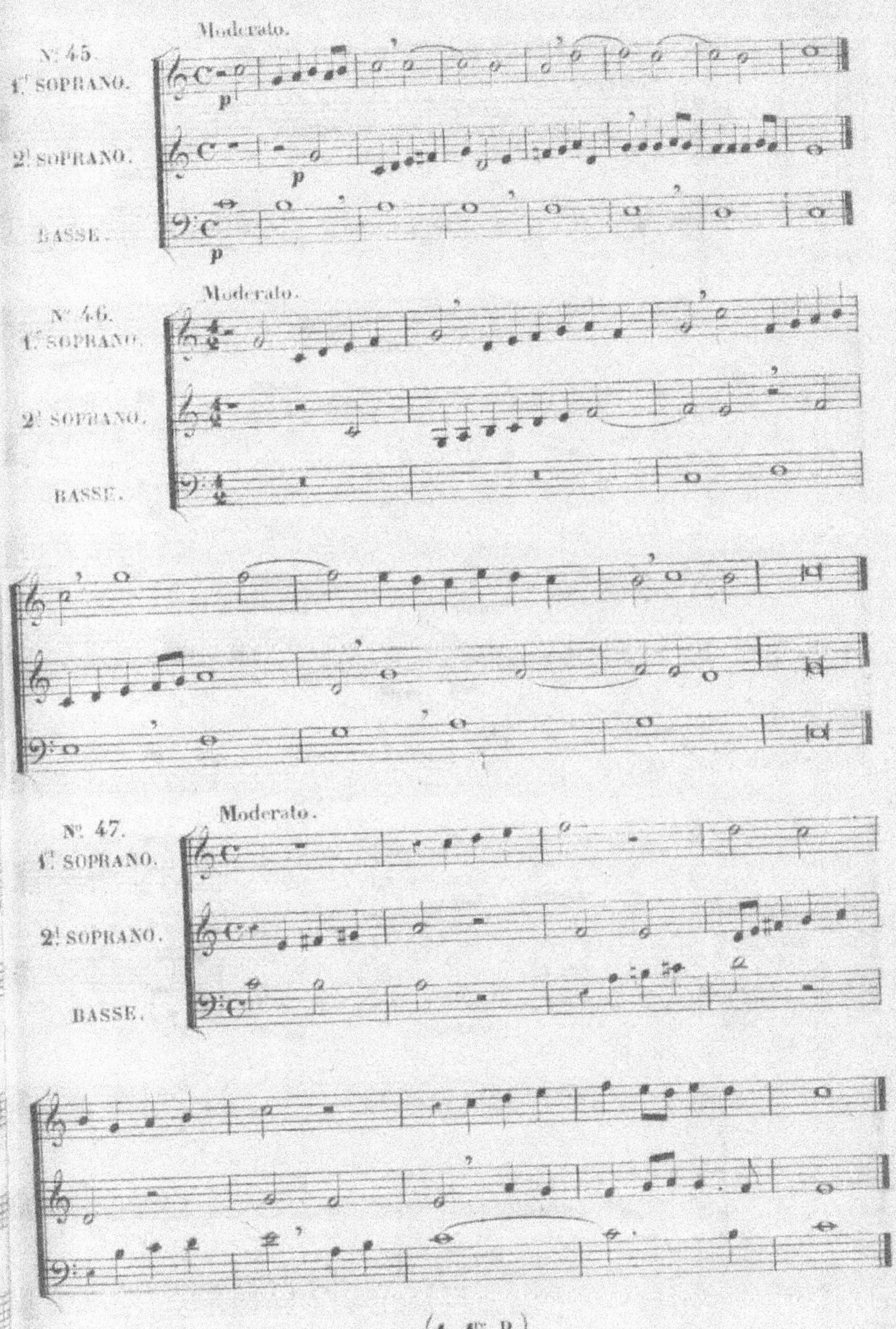
Moderato.
Nº 45.
1r SOPRANO.
2d SOPRANO.
BASSE.
Moderato.
Nº 46.
1r SOPRANO.
2d SOPRANO.
BASSE.
Moderato.
Nº 47.
1r SOPRANO.
2d SOPRANO.
BASSE.

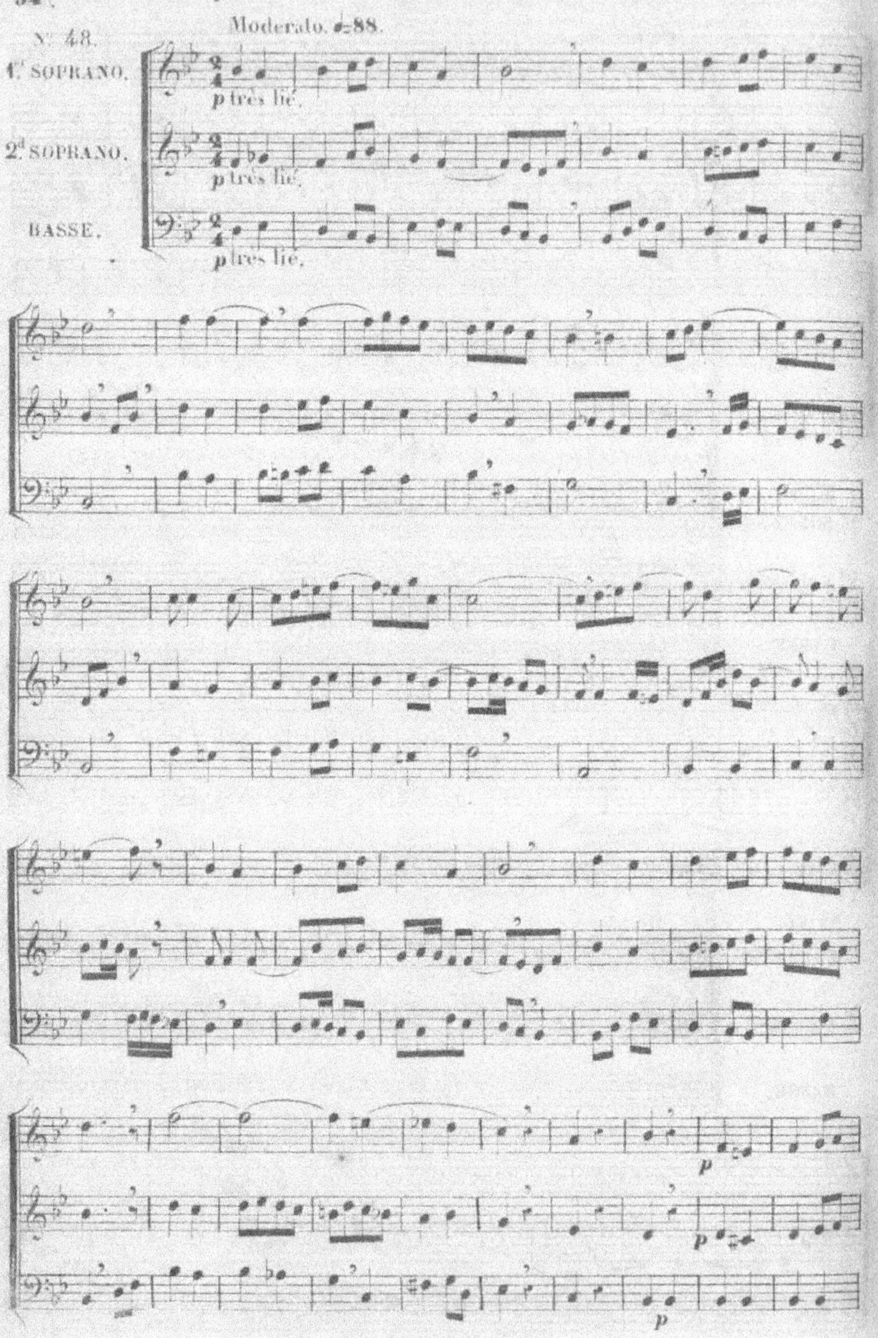
N° 48.
Moderato. ♩=88.
1r SOPRANO.
p très lié,
2d SOPRANO.
p très lié,
BASSE.
p très lié,
p
p
p

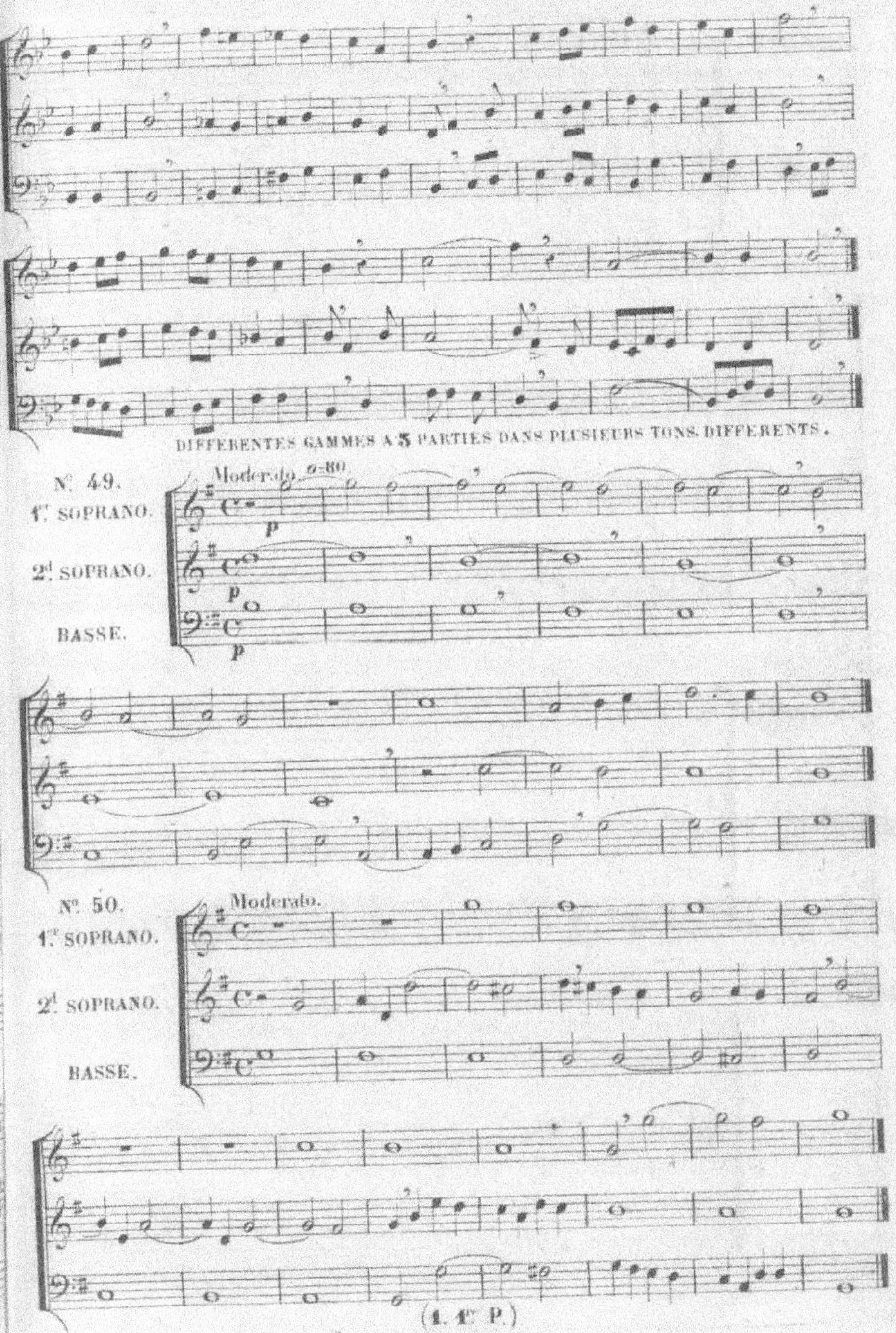
DIFFERENTES GAMMES A 3 PARTIES DANS PLUSIEURS TONS DIFFERENTS.
N°. 49.
Moderato. 𝅗𝅥=80.
1r. SOPRANO.
2d. SOPRANO.
BASSE.
p
N°. 50.
Moderato.
1r. SOPRANO.
2d. SOPRANO.
BASSE.

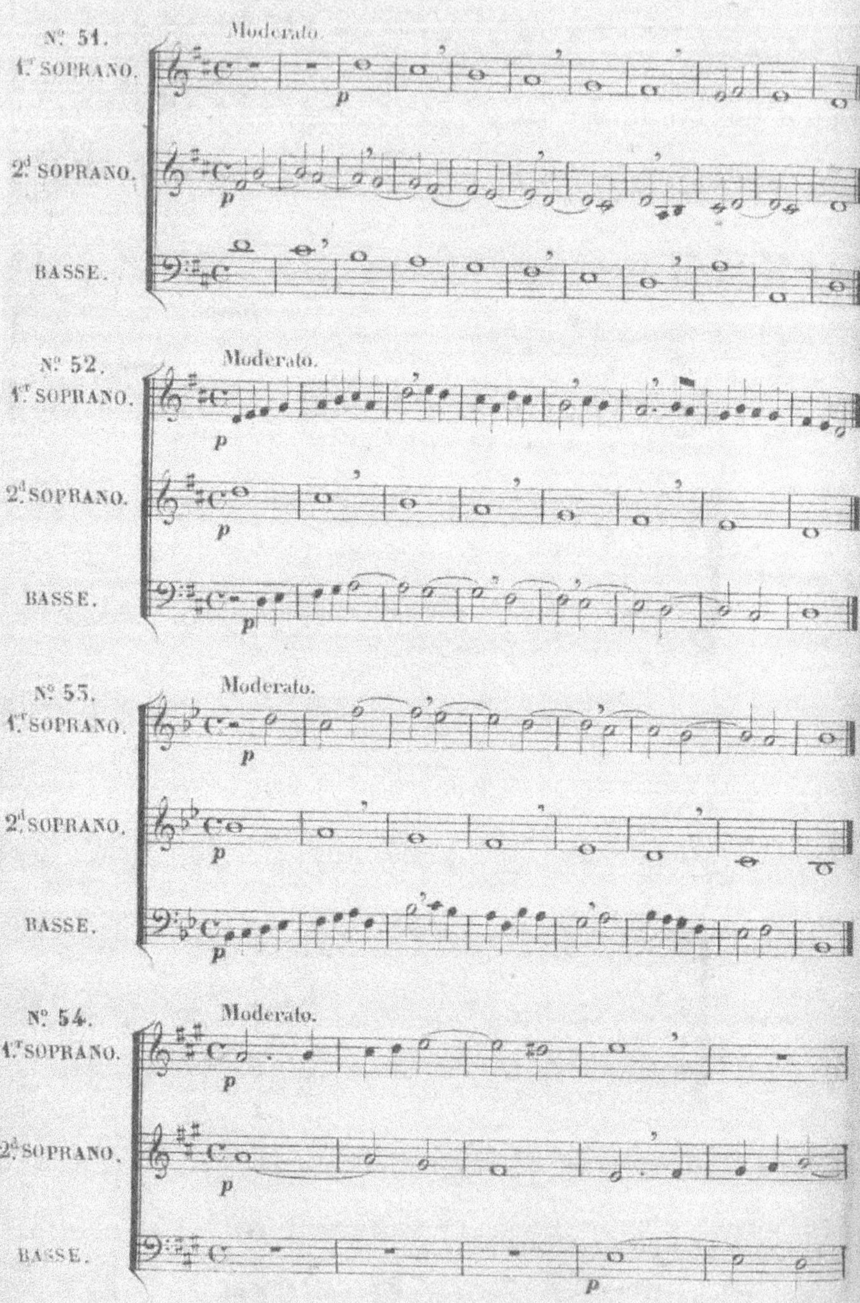
N° 51.
Moderato.
1.er SOPRANO.
2.d SOPRANO.
BASSE.
N° 52.
Moderato.
1.er SOPRANO.
2.d SOPRANO.
BASSE.
N° 53.
Moderato.
1.er SOPRANO.
2.d SOPRANO.
BASSE.
N° 54.
Moderato.
1.er SOPRANO.
2.d SOPRANO.
BASSE.

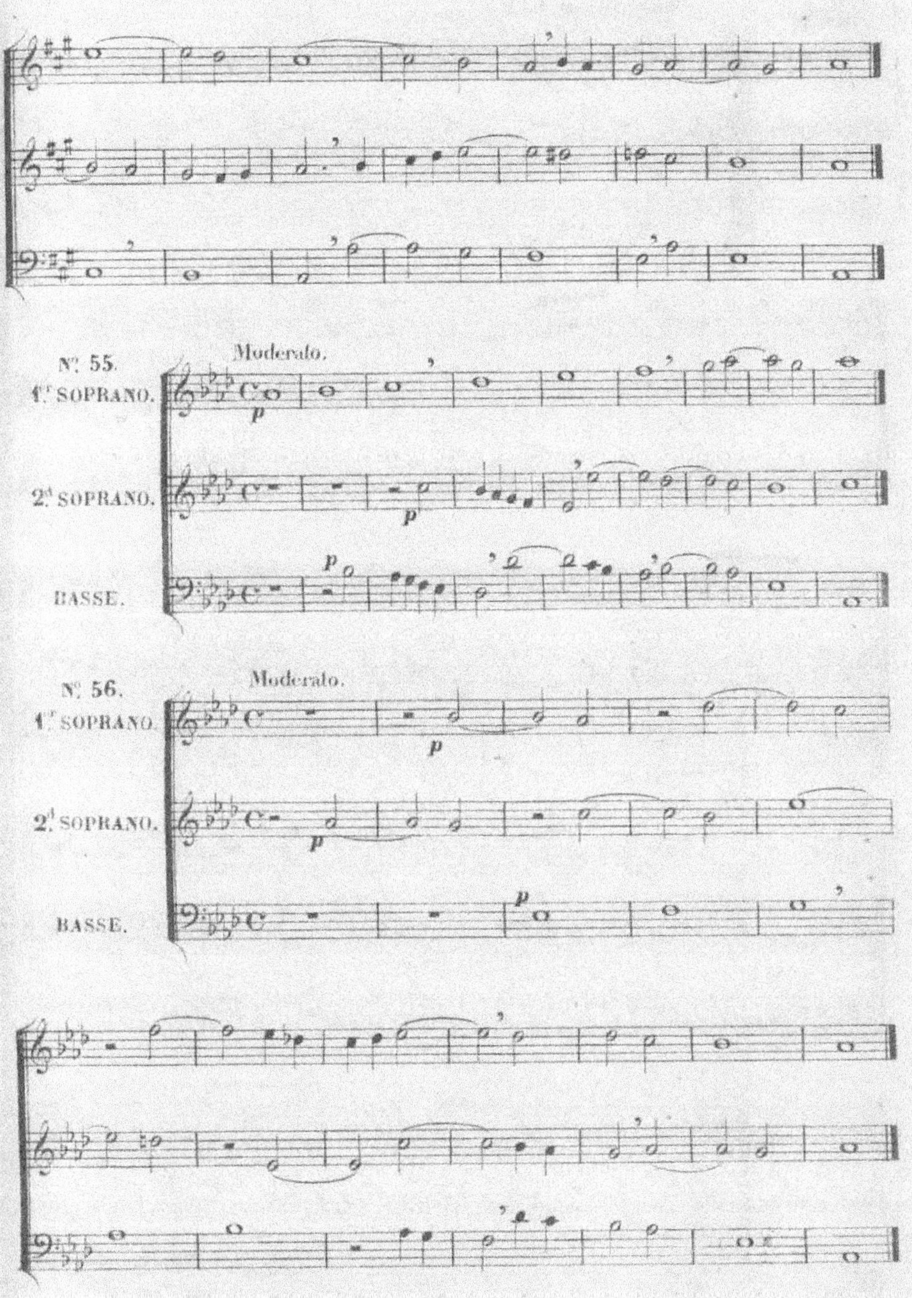
N°. 55.
Moderato.
1.er SOPRANO.
2.d SOPRANO.
BASSE.
p
N°. 56.
Moderato.
1.er SOPRANO.
2.d SOPRANO.
BASSE.
p

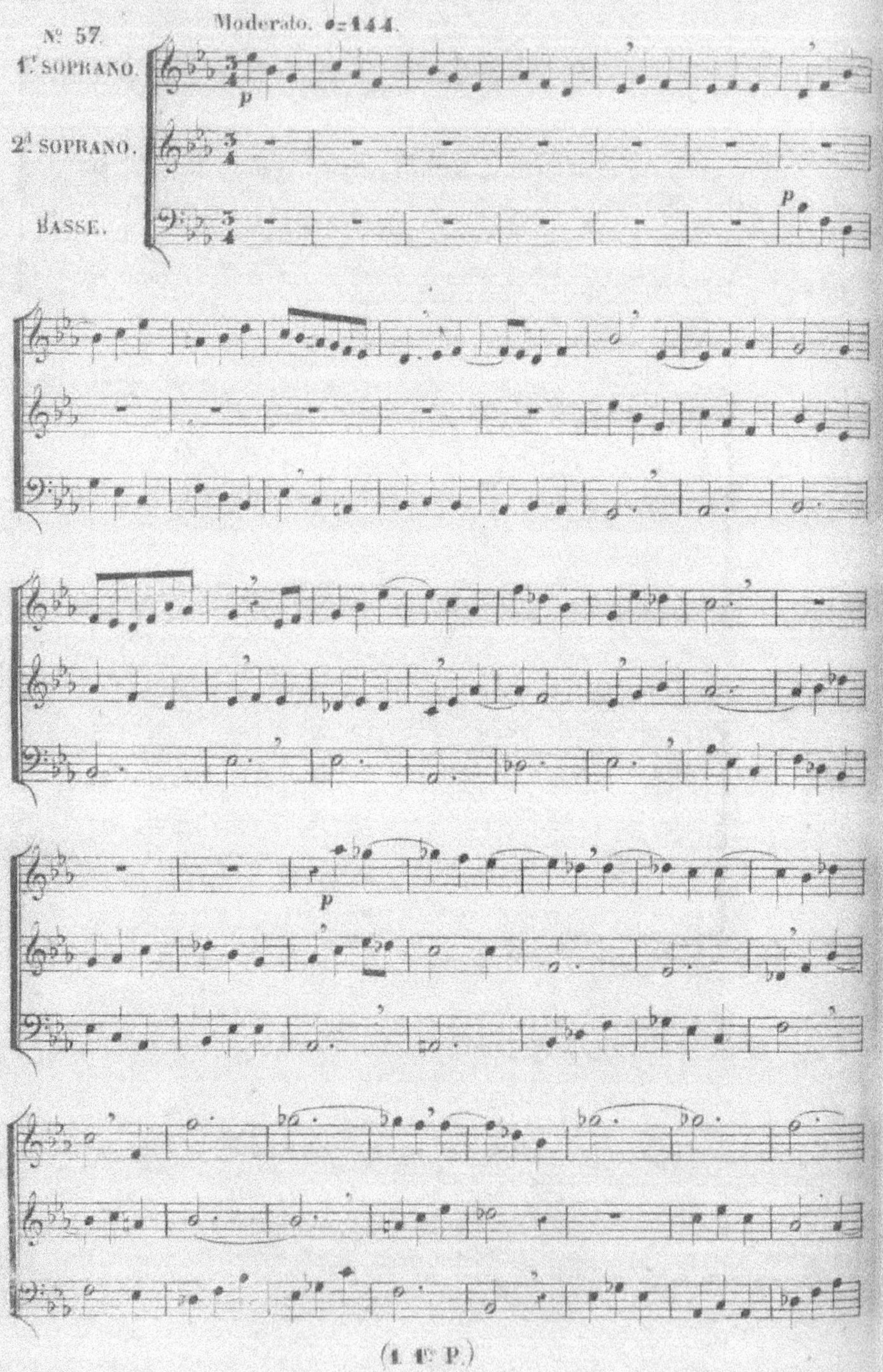
N° 57.
Moderato. ♩=144.
1.r SOPRANO.
2.d SOPRANO.
BASSE.
p

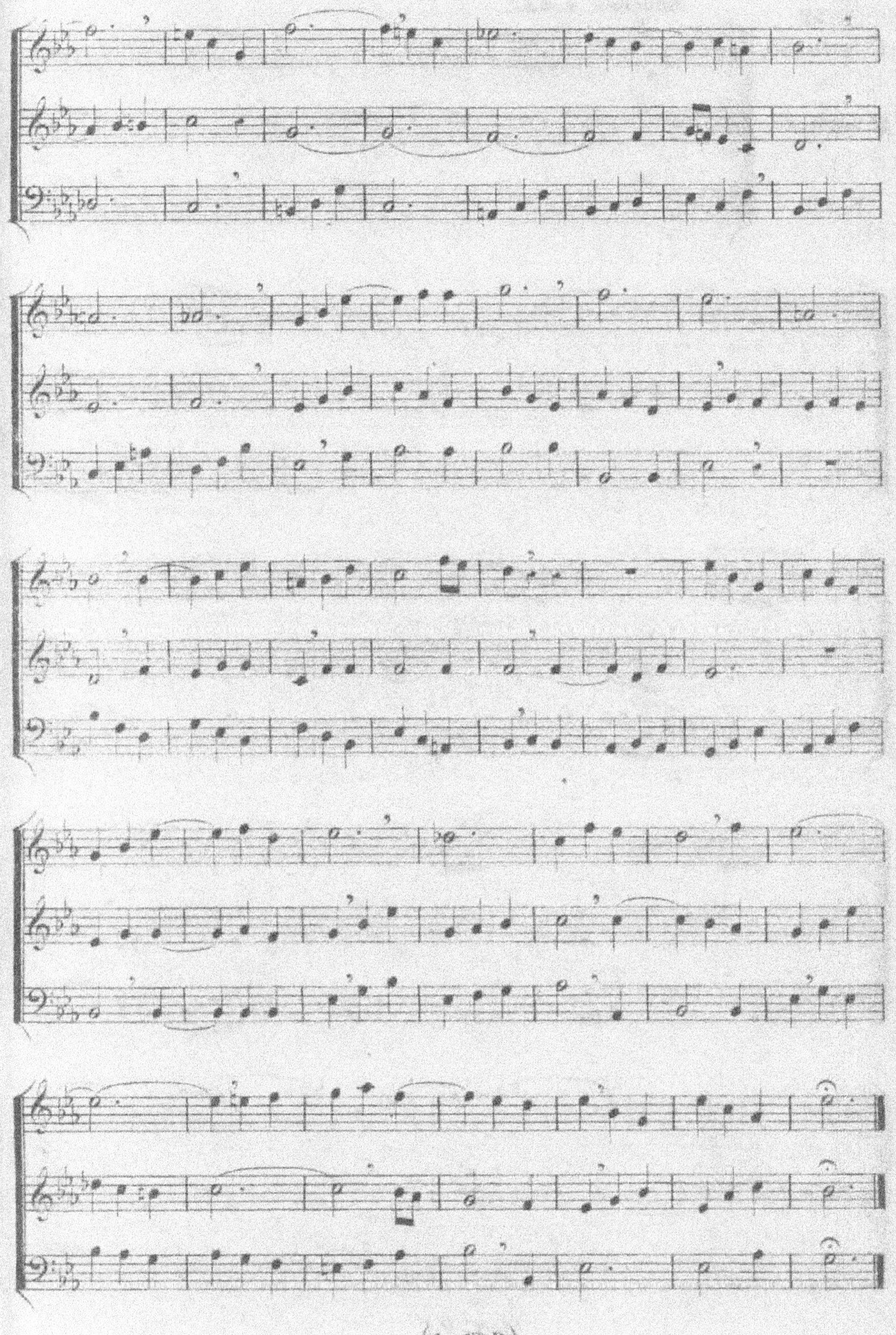

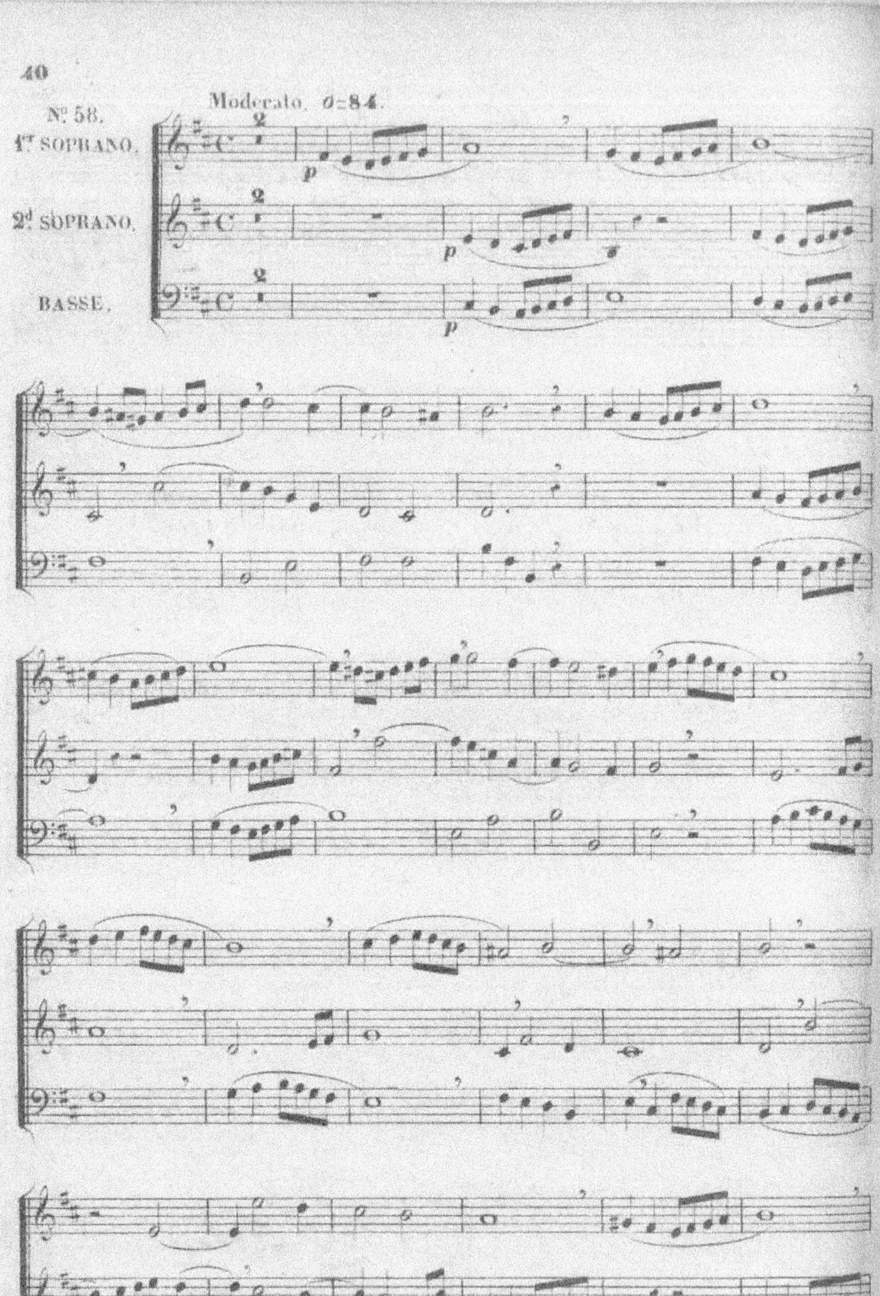
Moderato. 𝅗𝅥=84.
N° 58.
1r. SOPRANO.
2d. SOPRANO.
BASSE.

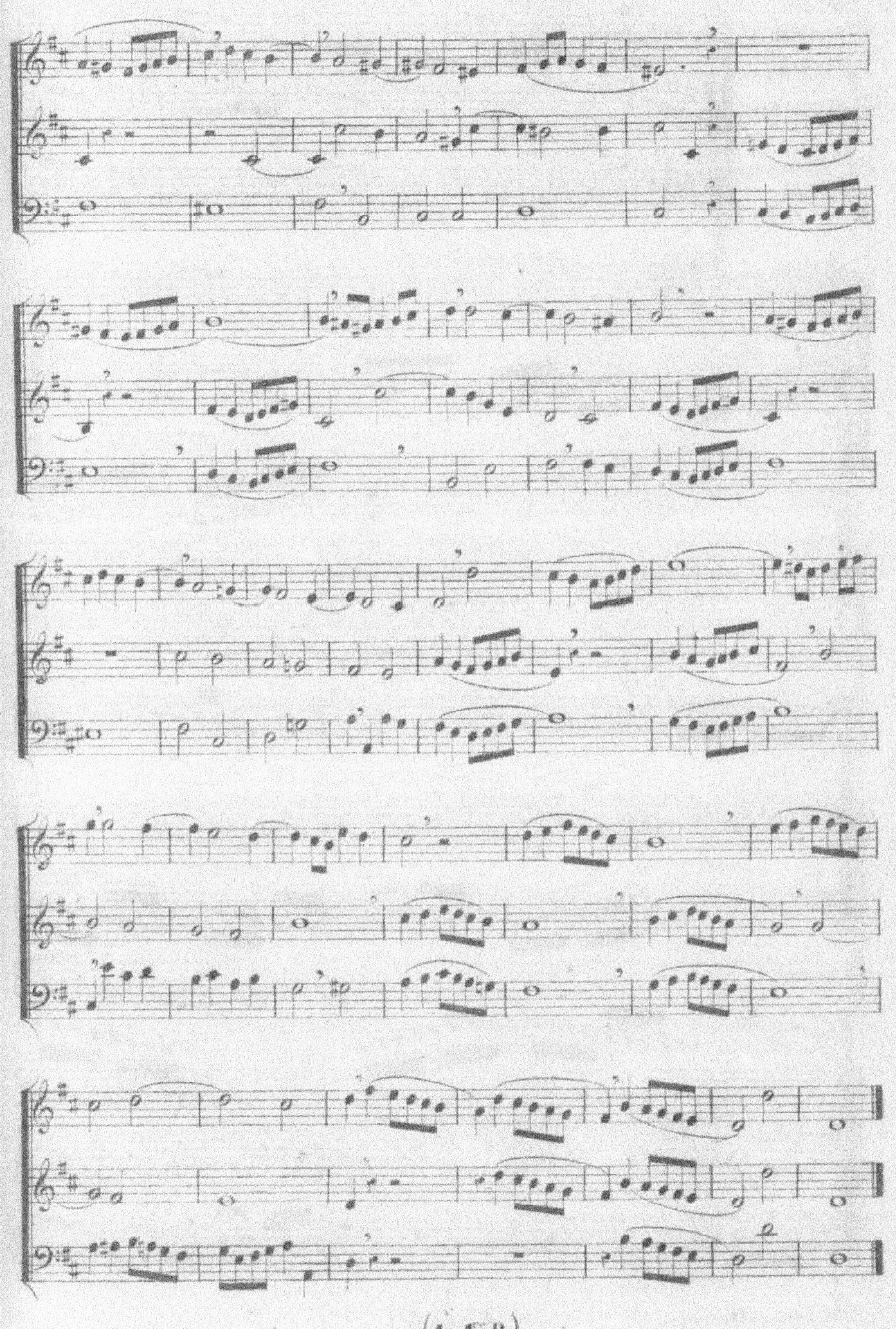

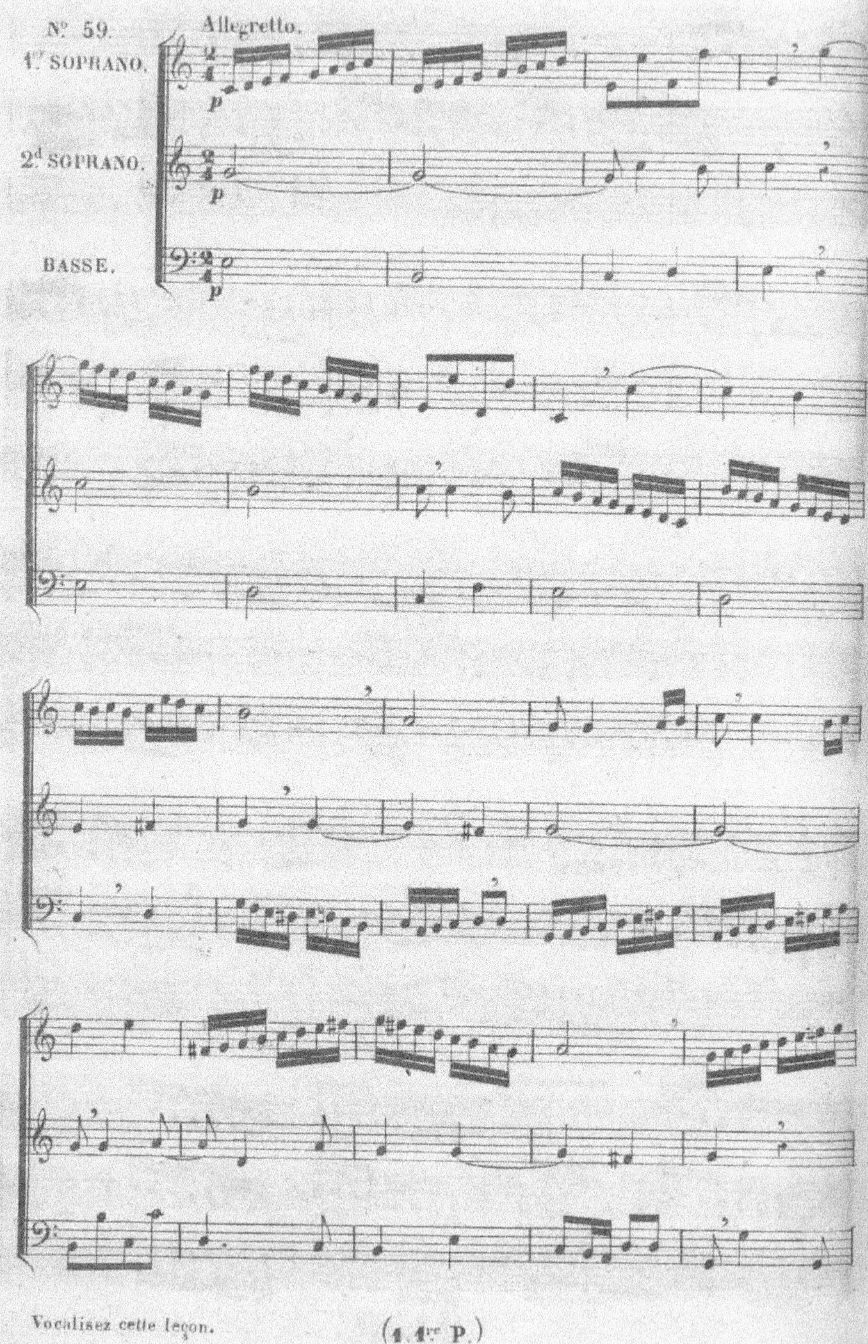

Vocalisez cette leçon.

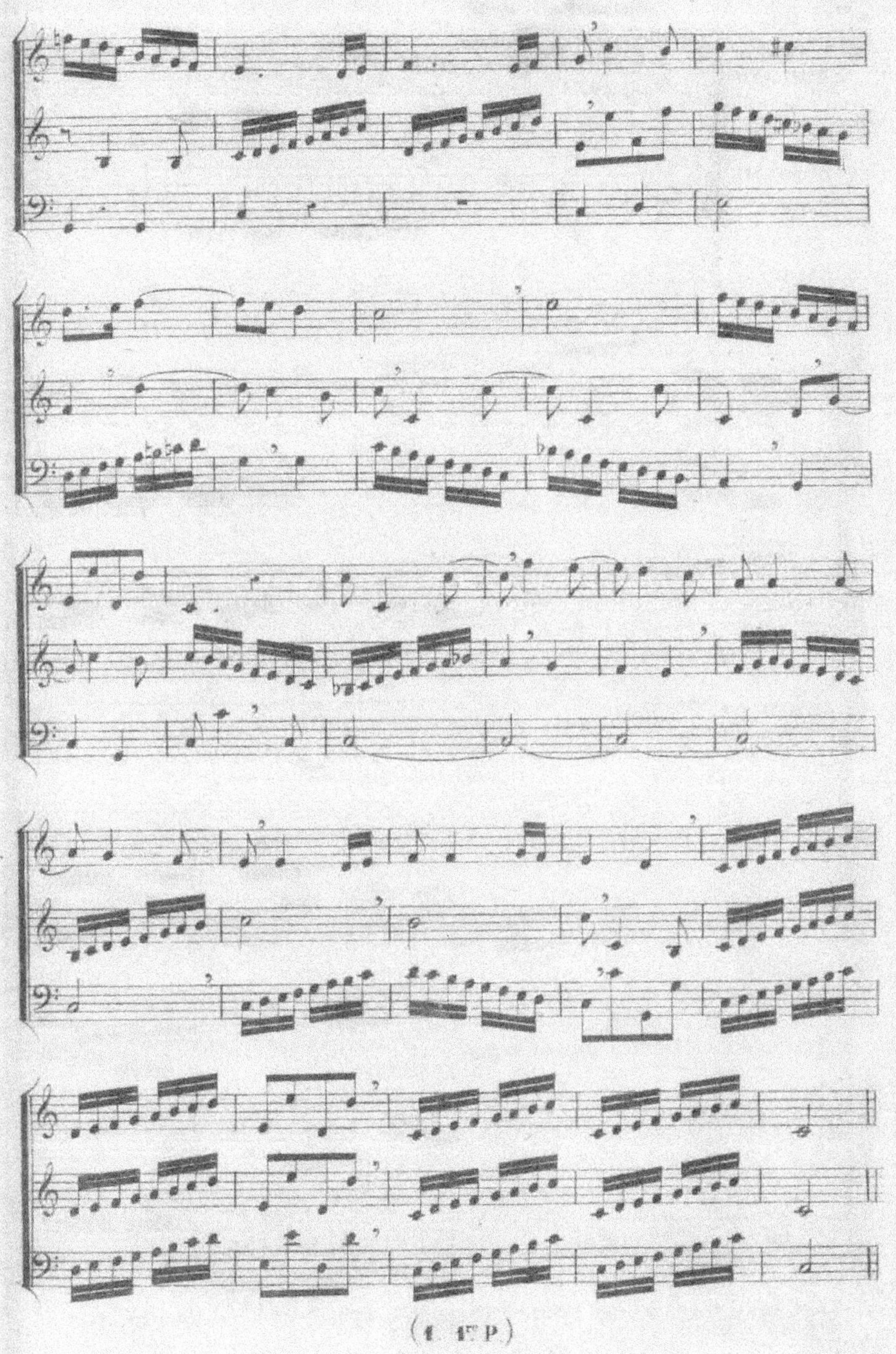

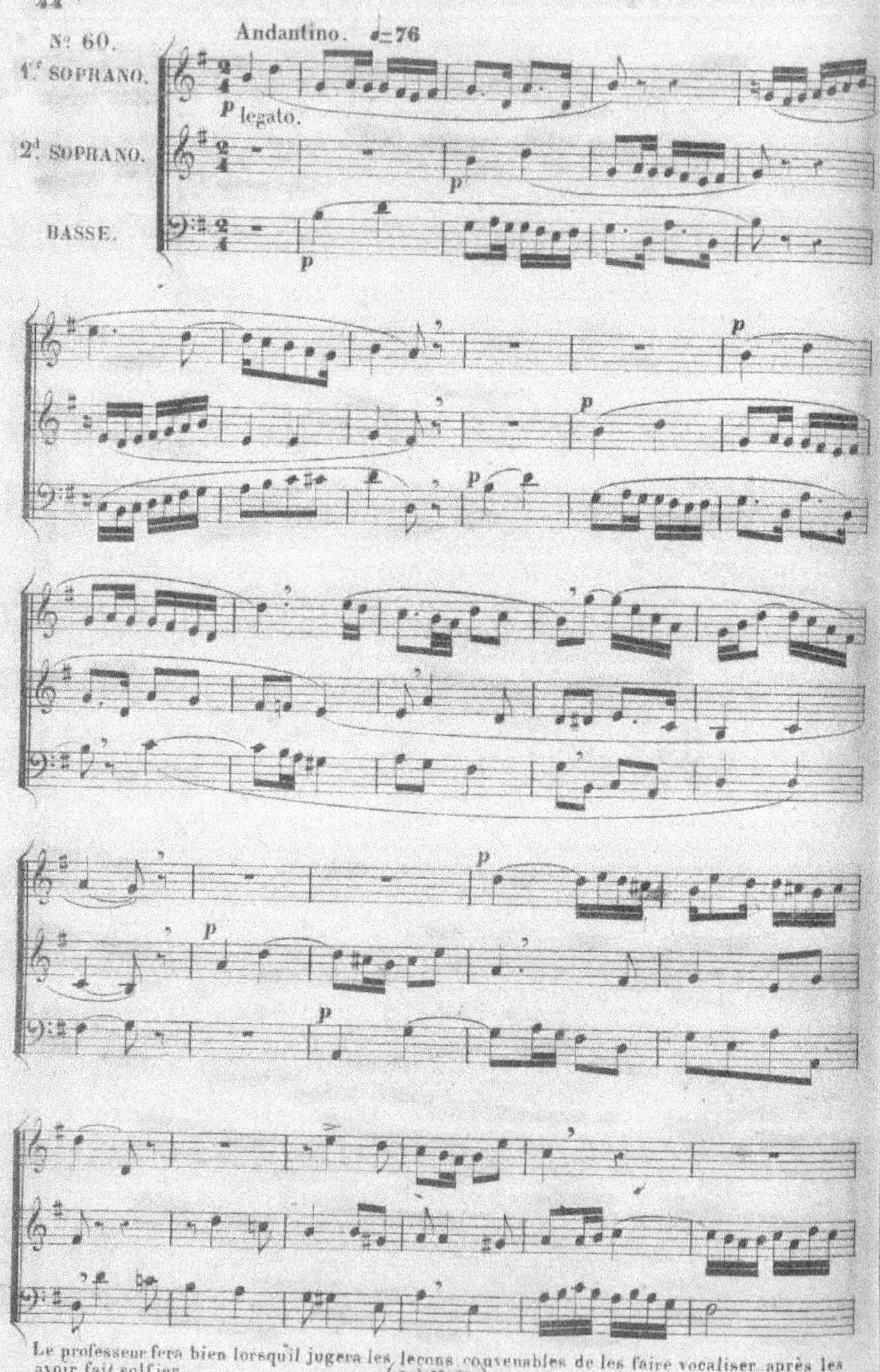

Le professeur fera bien lorsqu'il jugera les leçons convenables de les faire vocaliser après les avoir fait solfier.

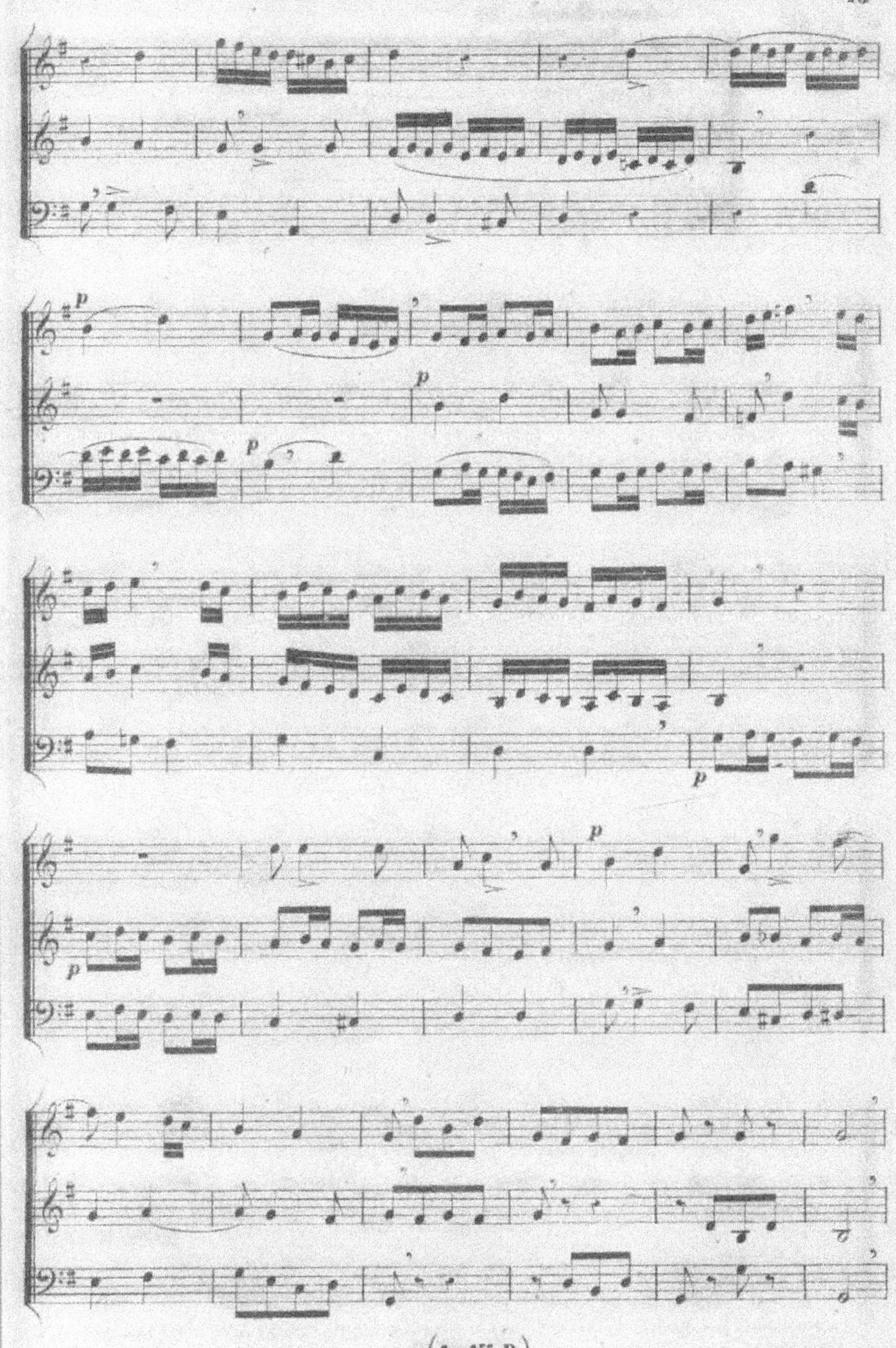

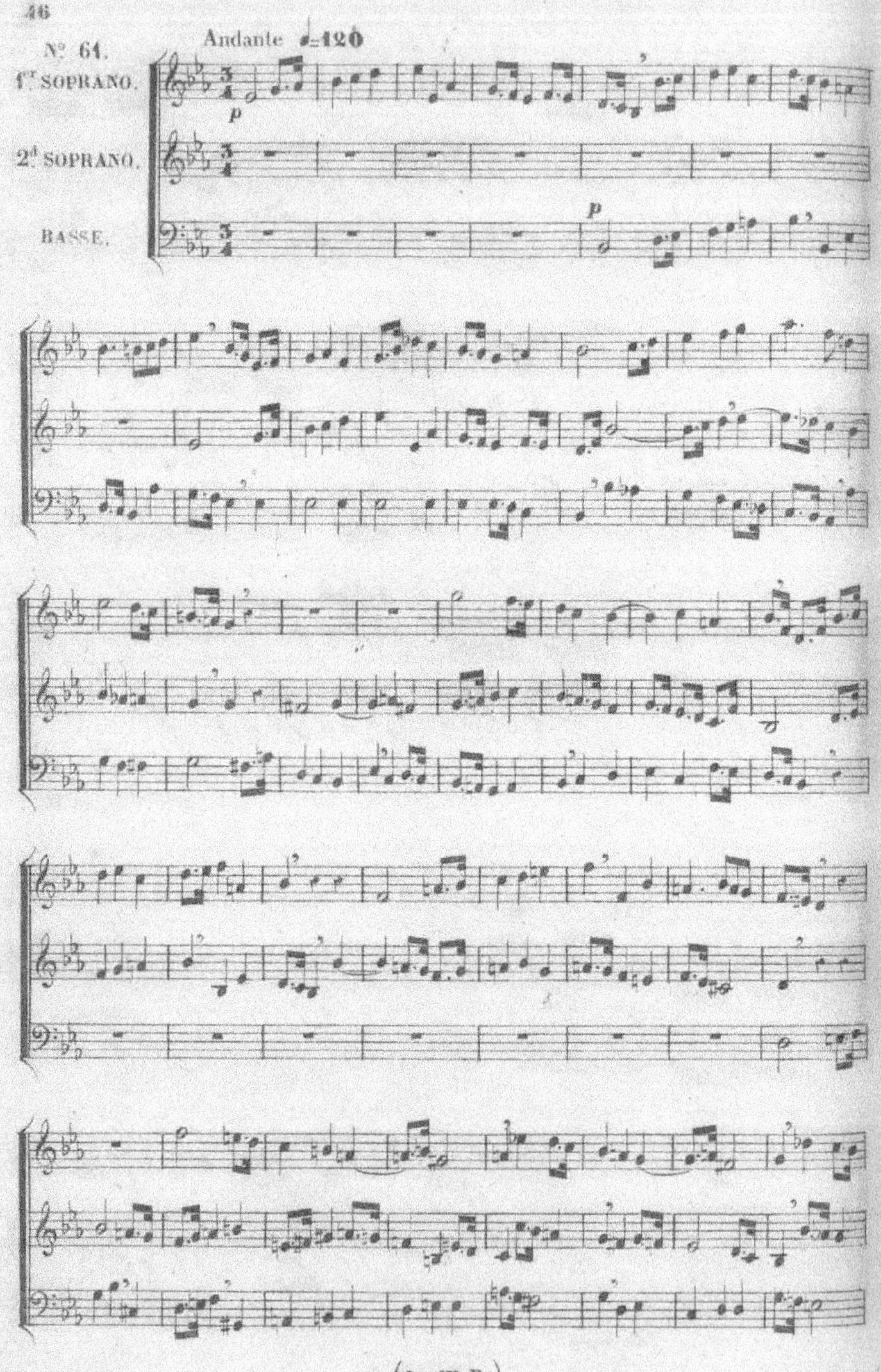
N° 61.
Andante ♩=120
1er SOPRANO.
2d SOPRANO.
BASSE.
p
p

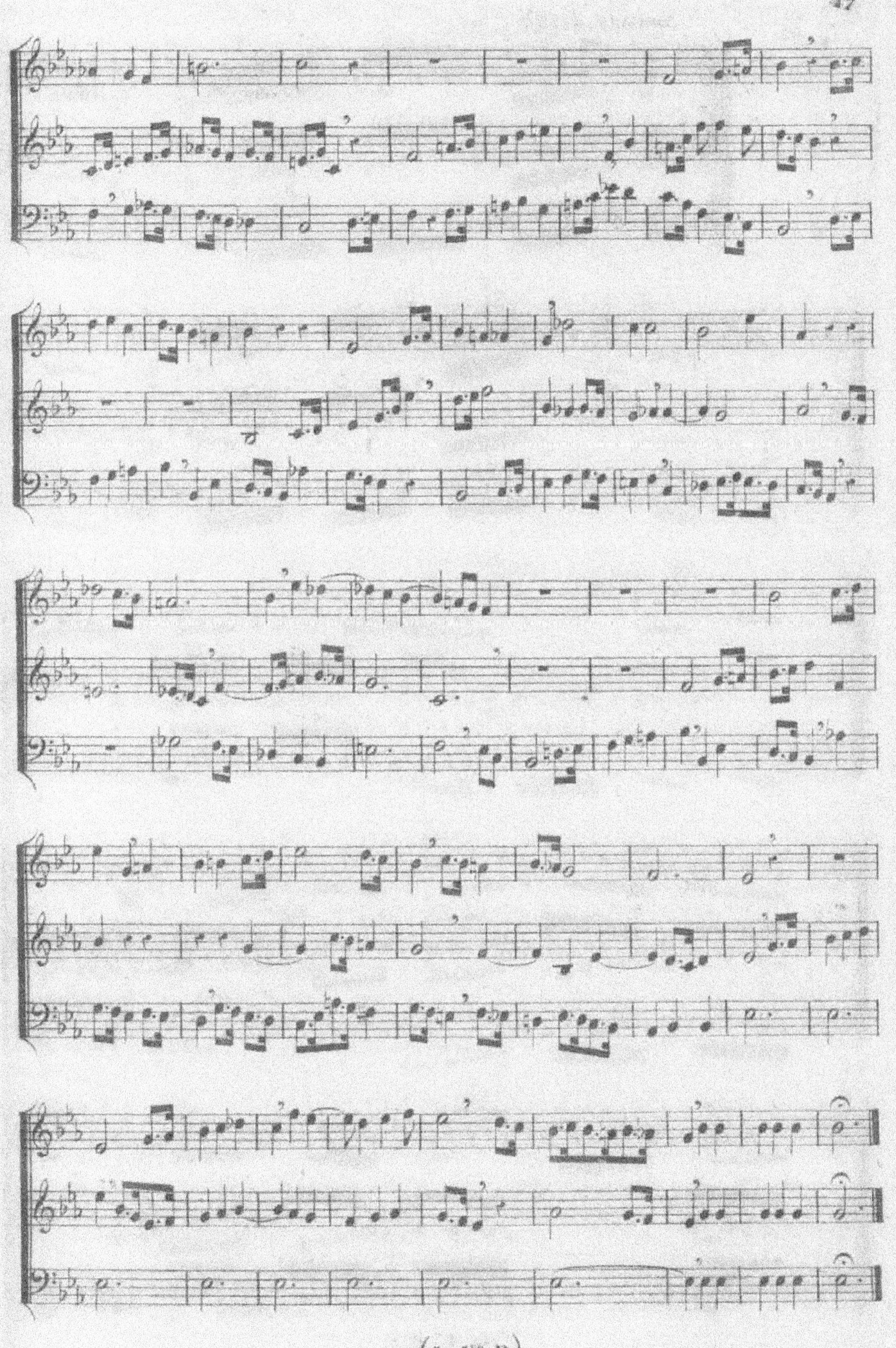

Nº 62.

All.º non troppo. ♪=184.

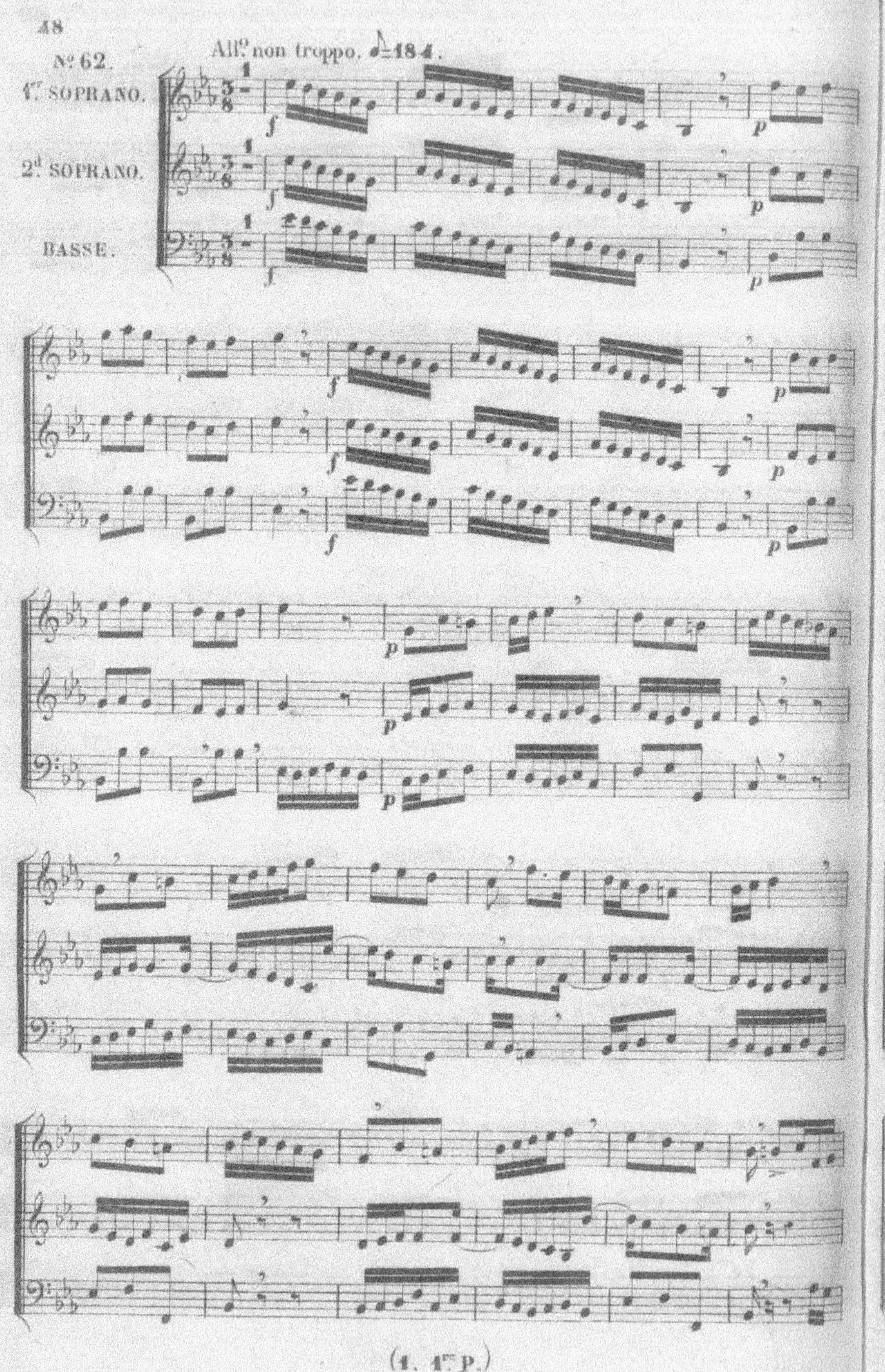

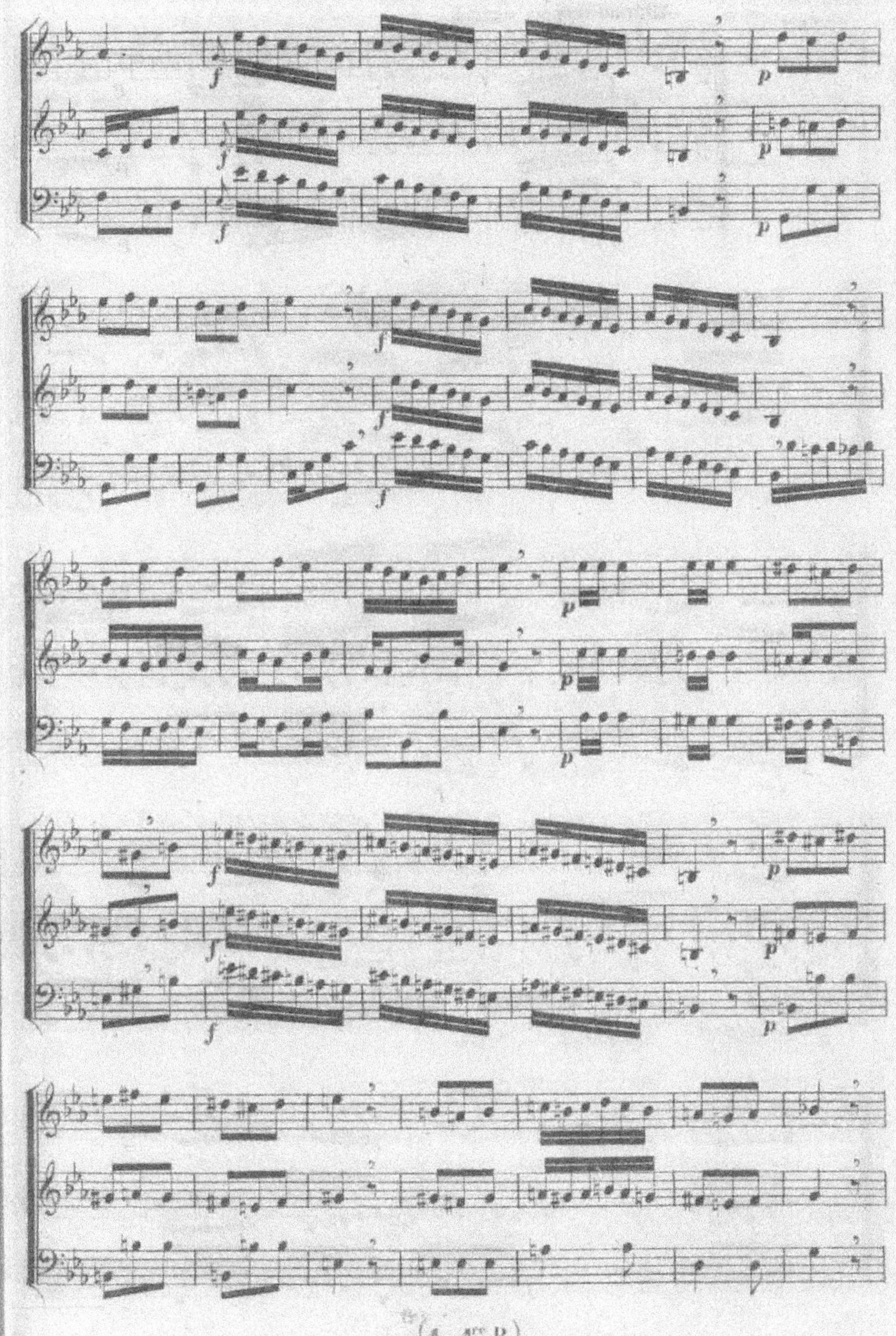
f
p
f
p
f
p
f
p

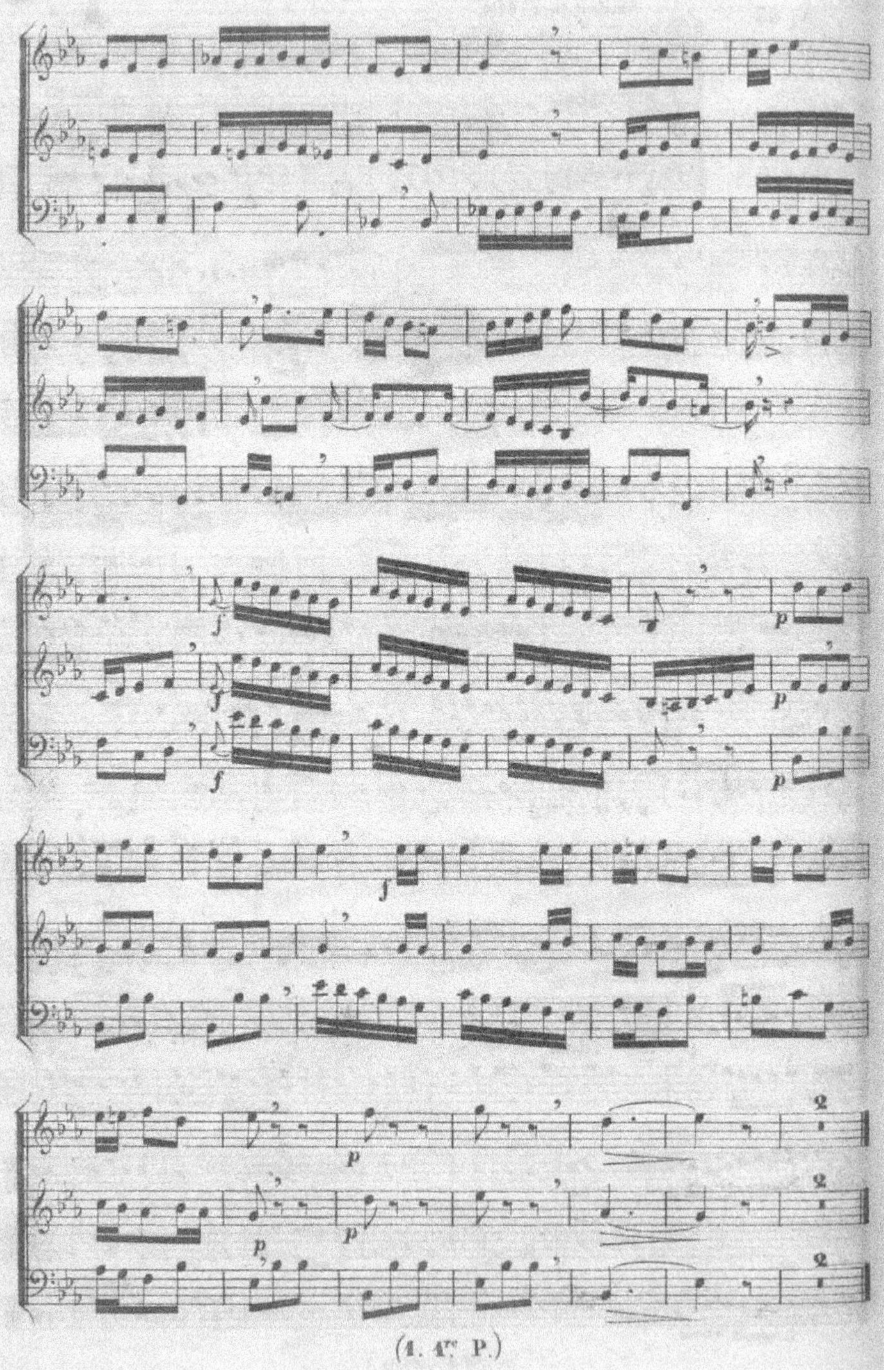

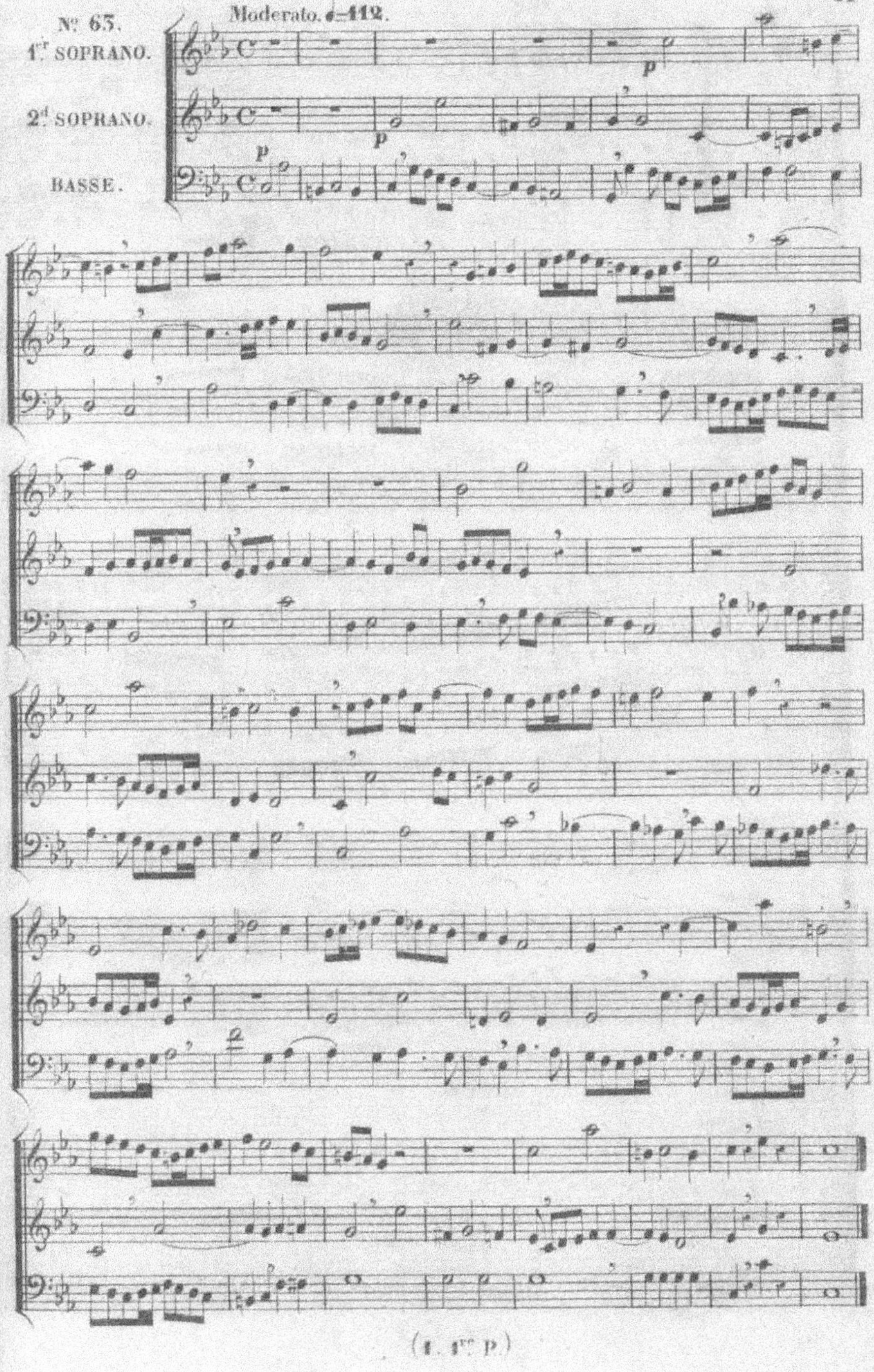

N.º 63.

Moderato. ♩=112.

1.^r SOPRANO.

2.^d SOPRANO.

BASSE.

p

p

p

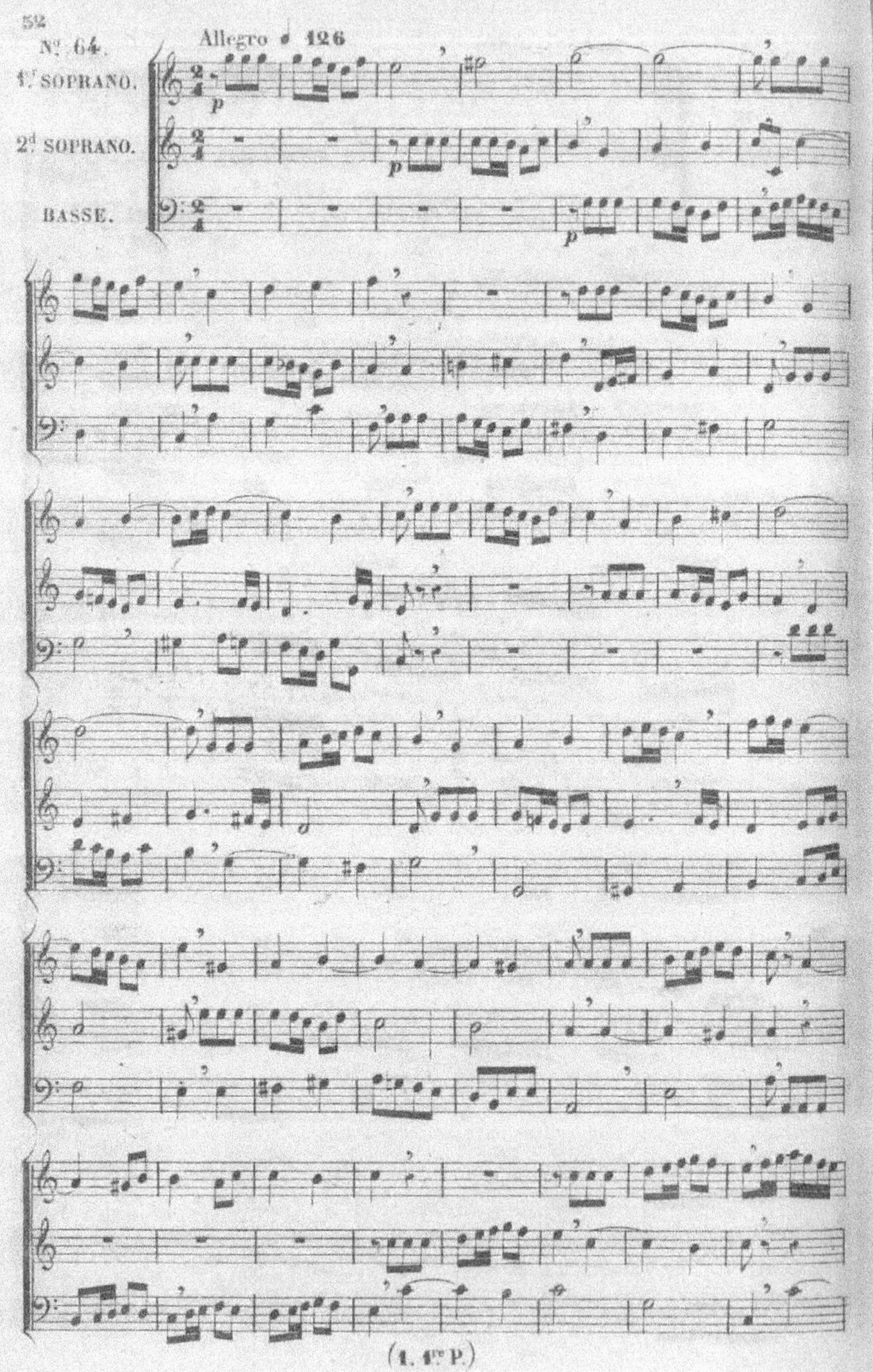
N°. 64.
Allegro 𝅗𝅥 126
1.r SOPRANO.
2.d SOPRANO.
BASSE.
p

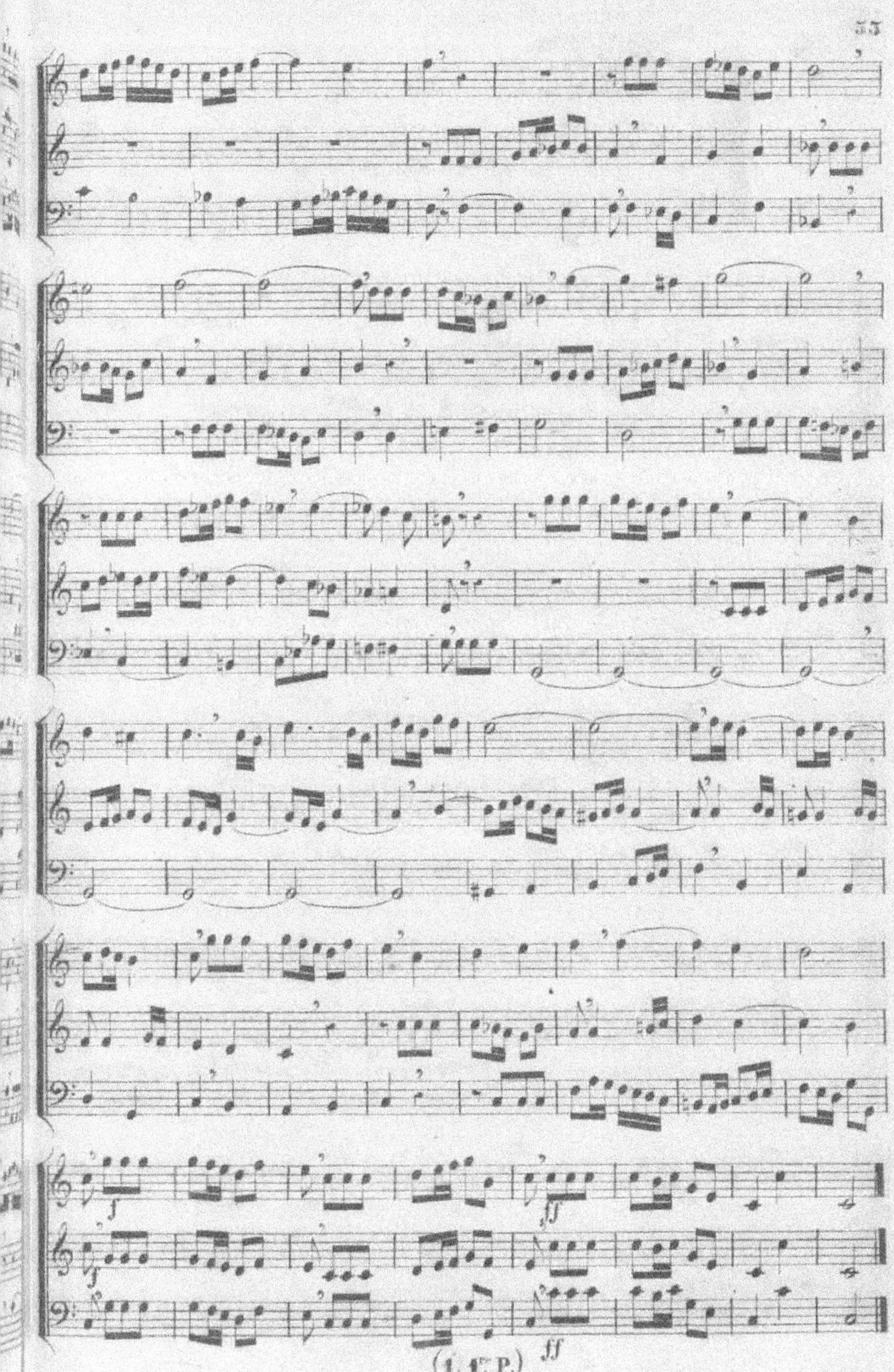
f
ff
ff

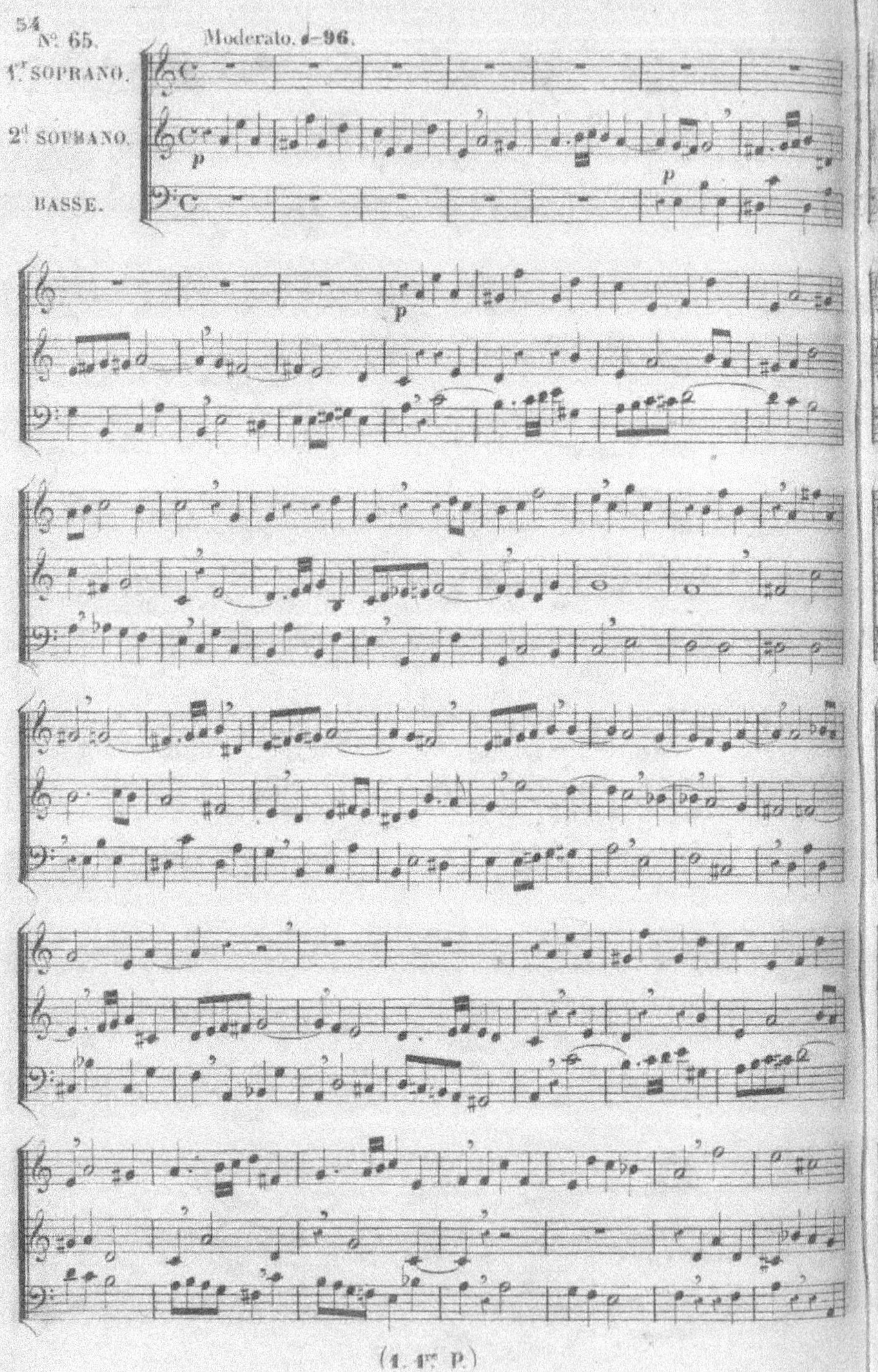

N°. 65.
Moderato. 𝅗𝅥=96.
1.er SOPRANO.
2.d SOPRANO.
BASSE.
p

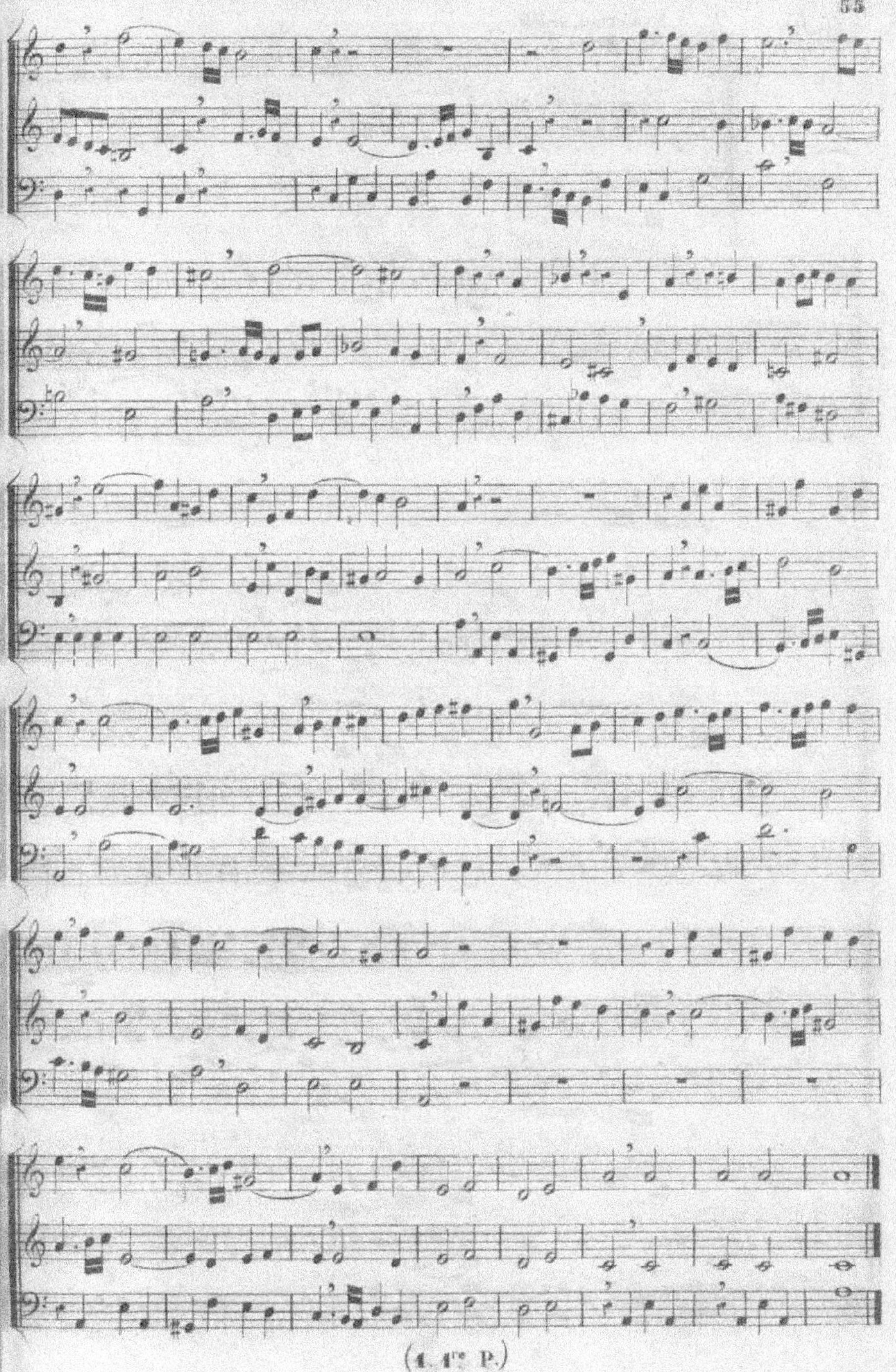

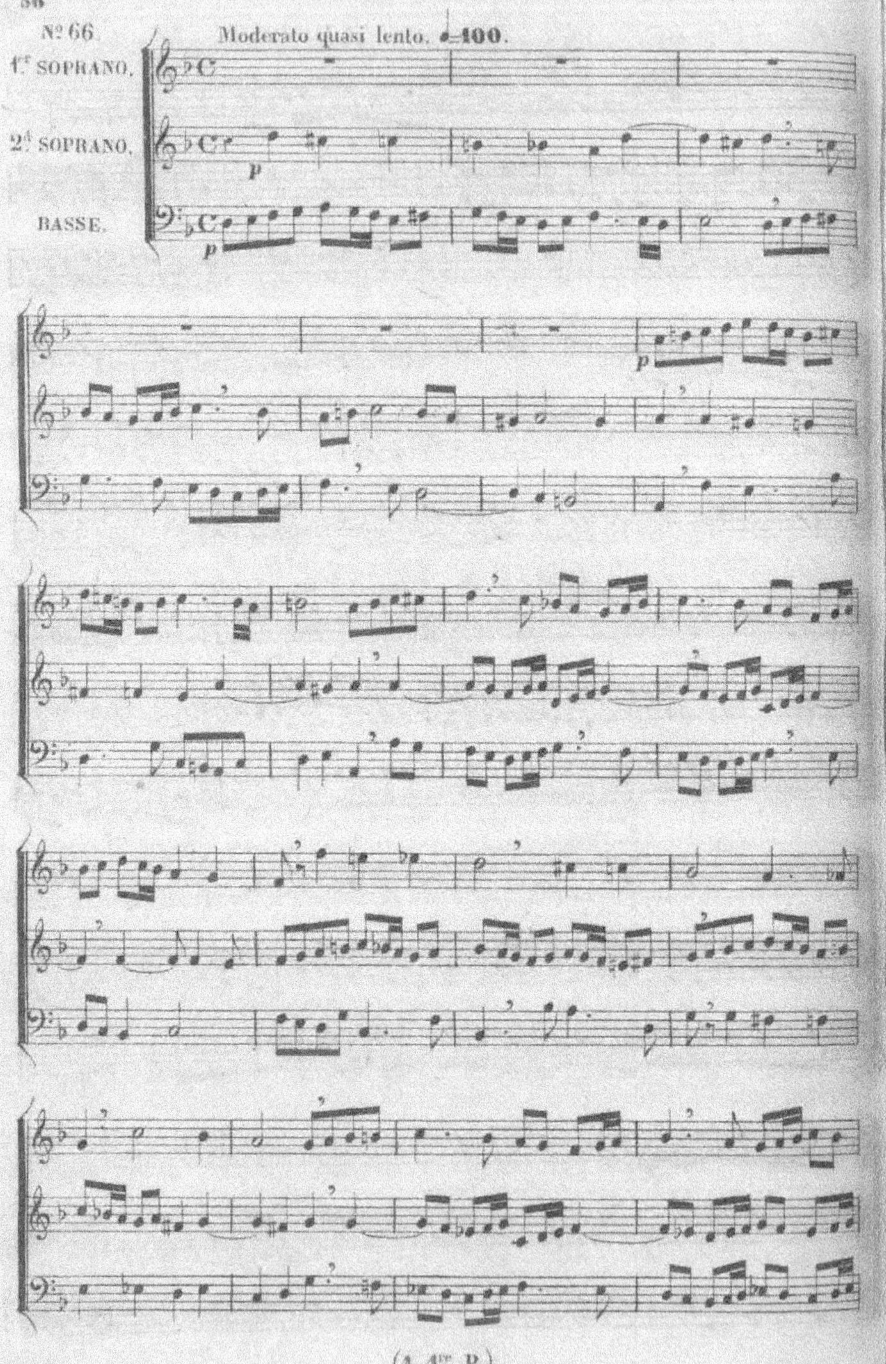

Nº 66.
Moderato quasi lento. ♩=100.
1.r SOPRANO.
2.d SOPRANO.
BASSE.
p

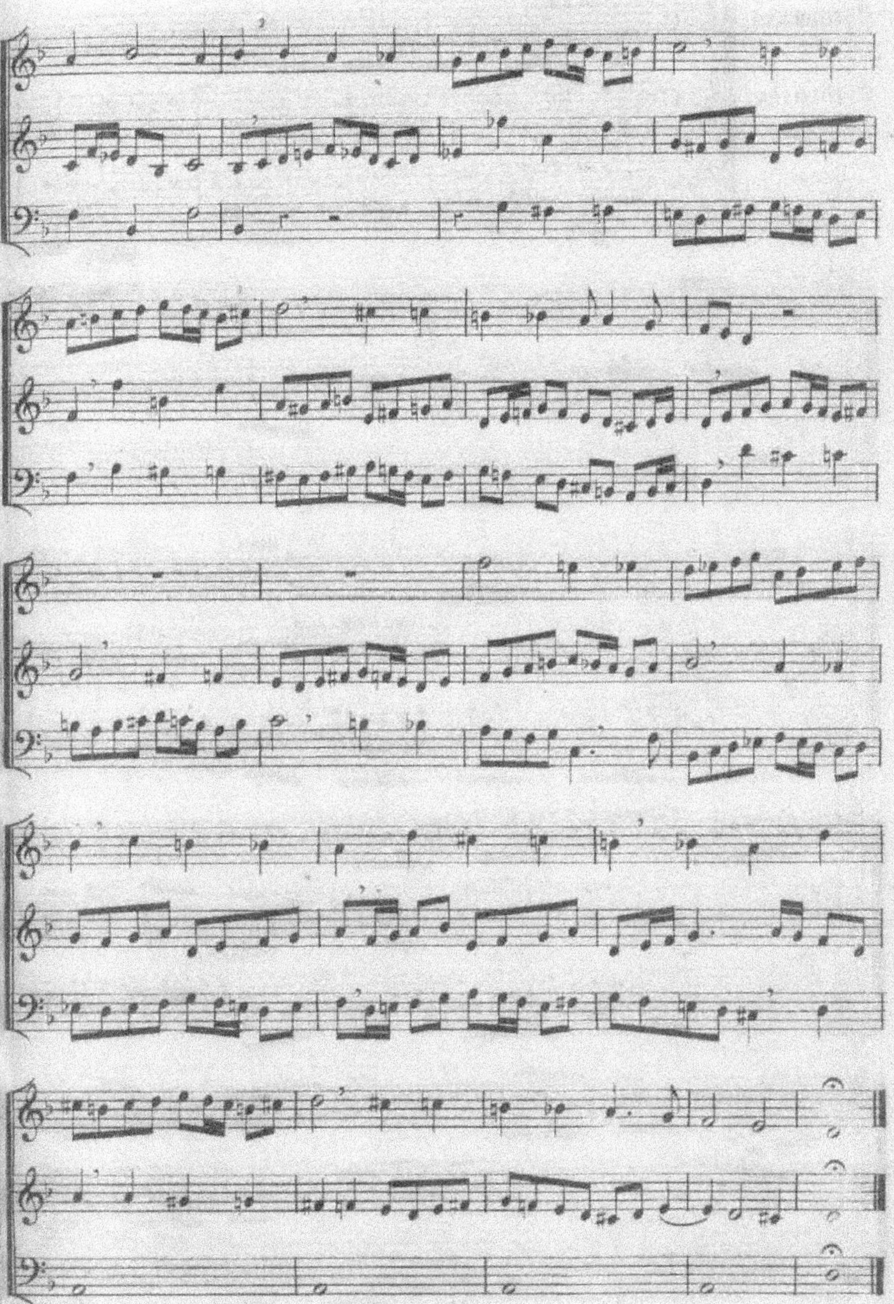

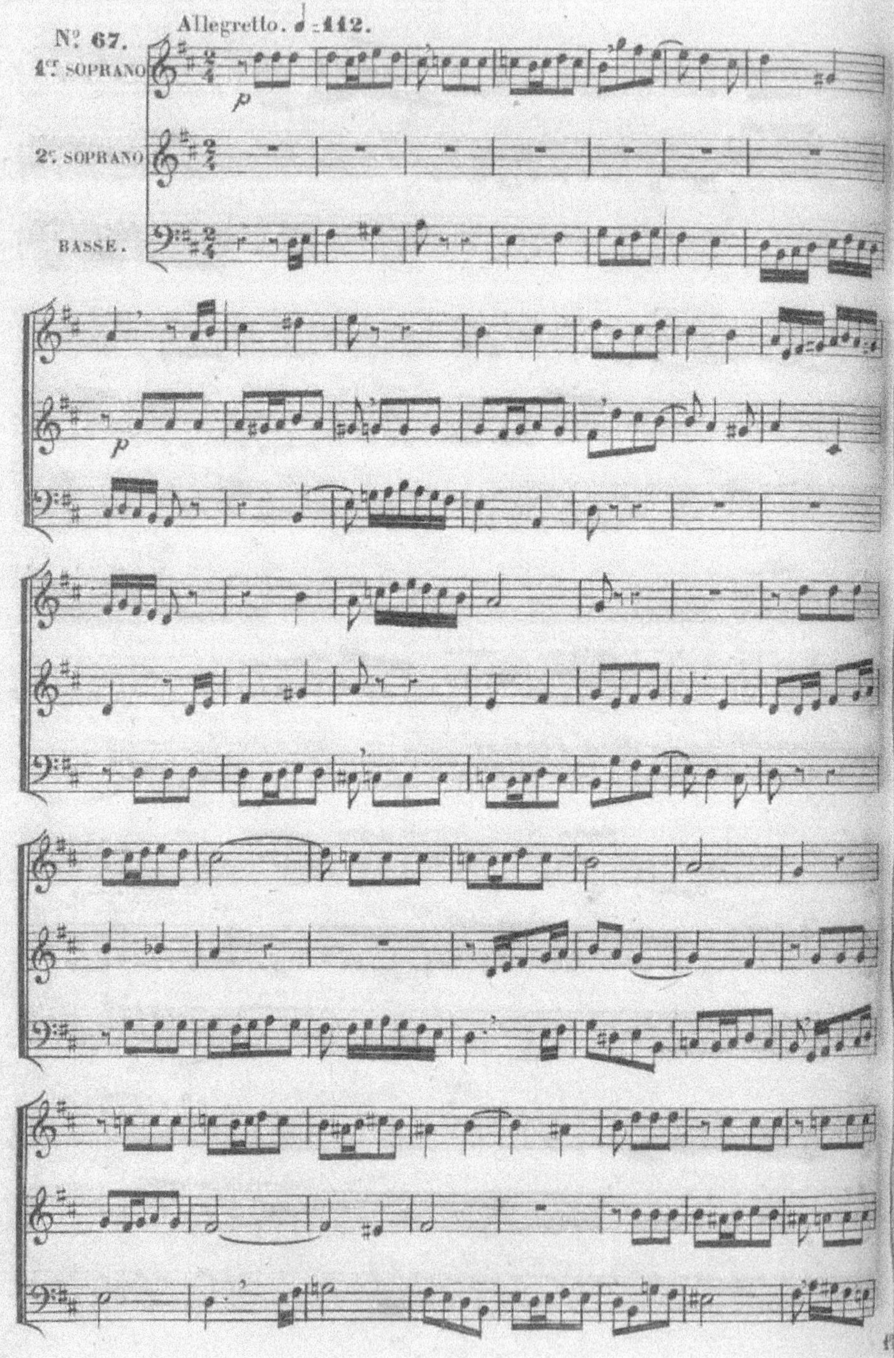

Nº 67.
Allegretto. ♩ = 112.
1er SOPRANO
2e SOPRANO
BASSE.
p
p

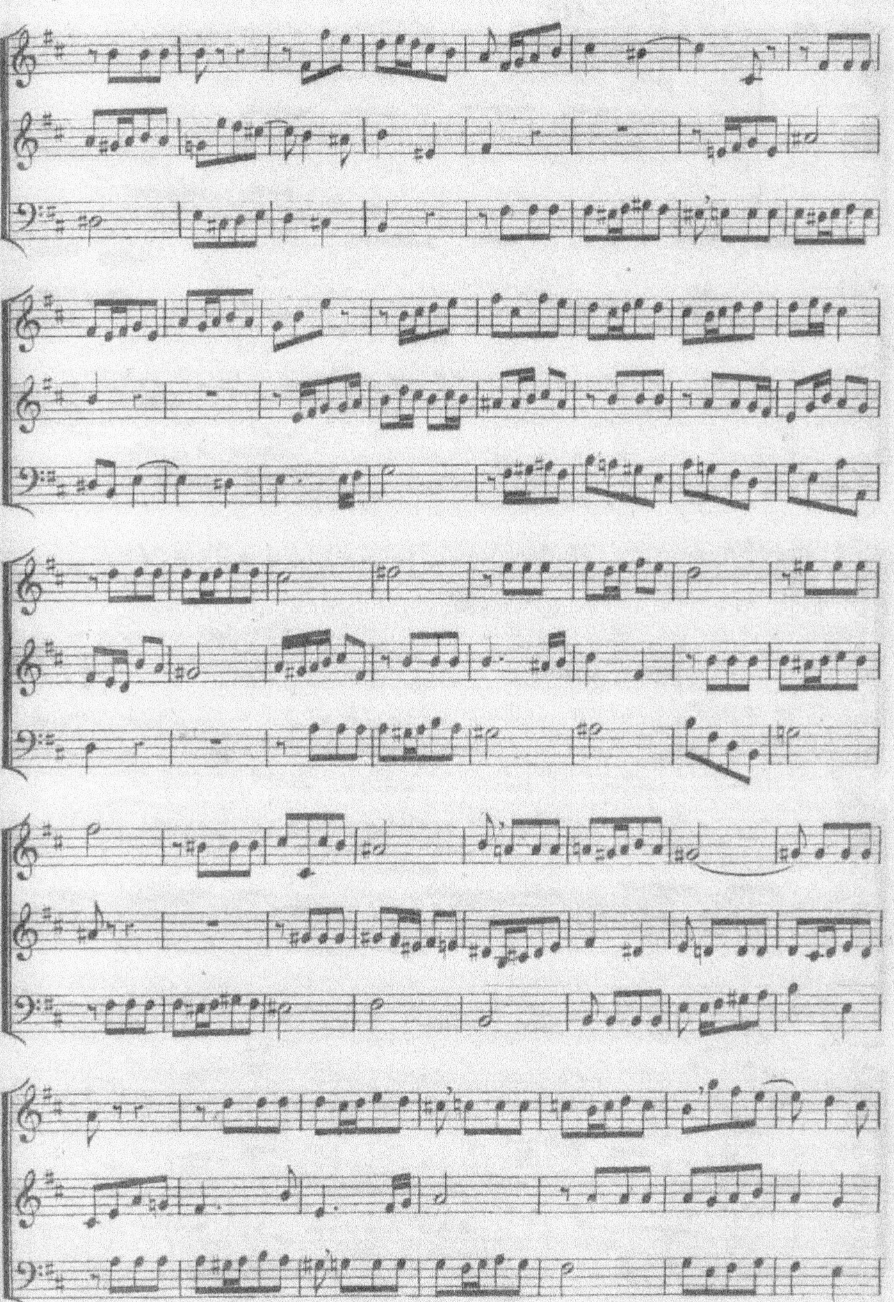

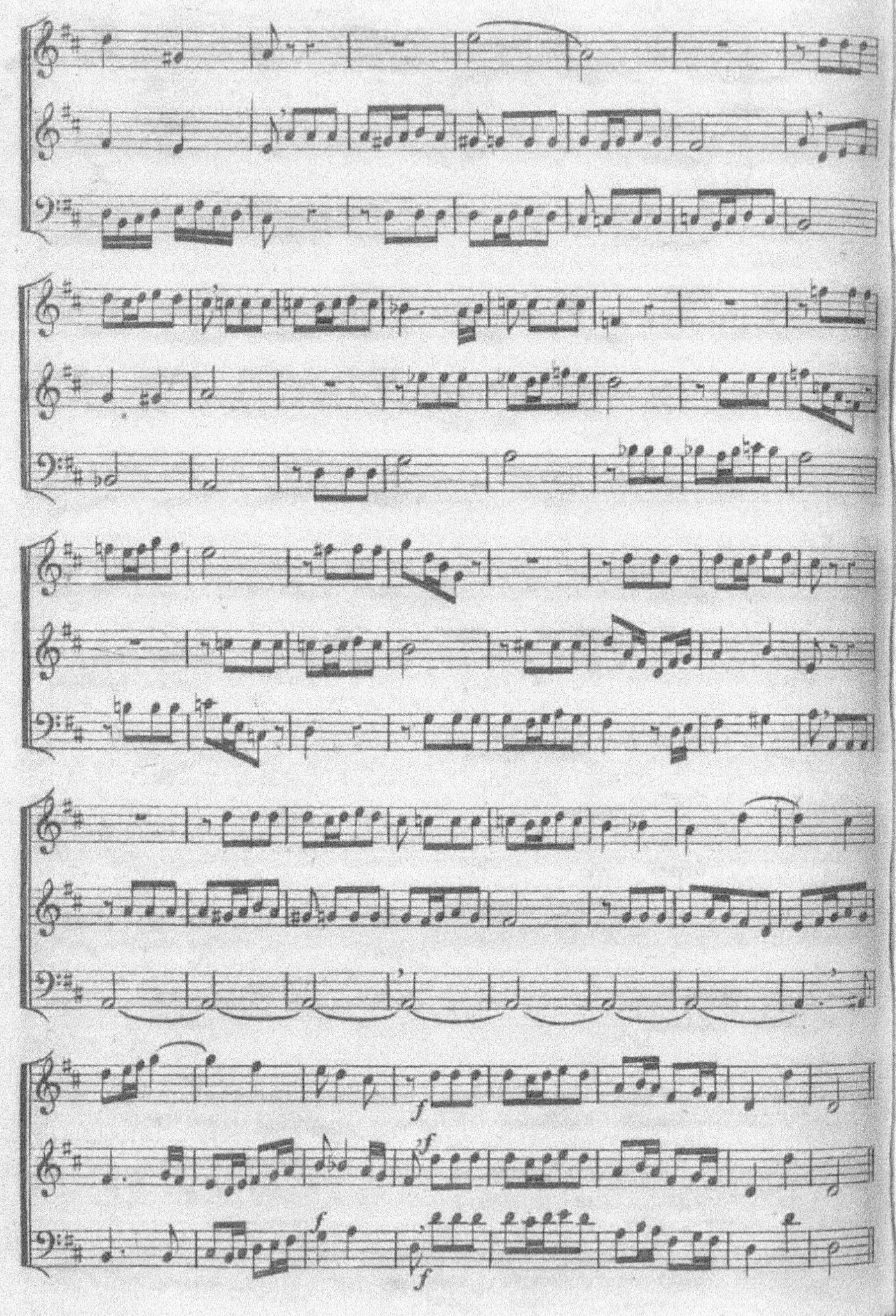

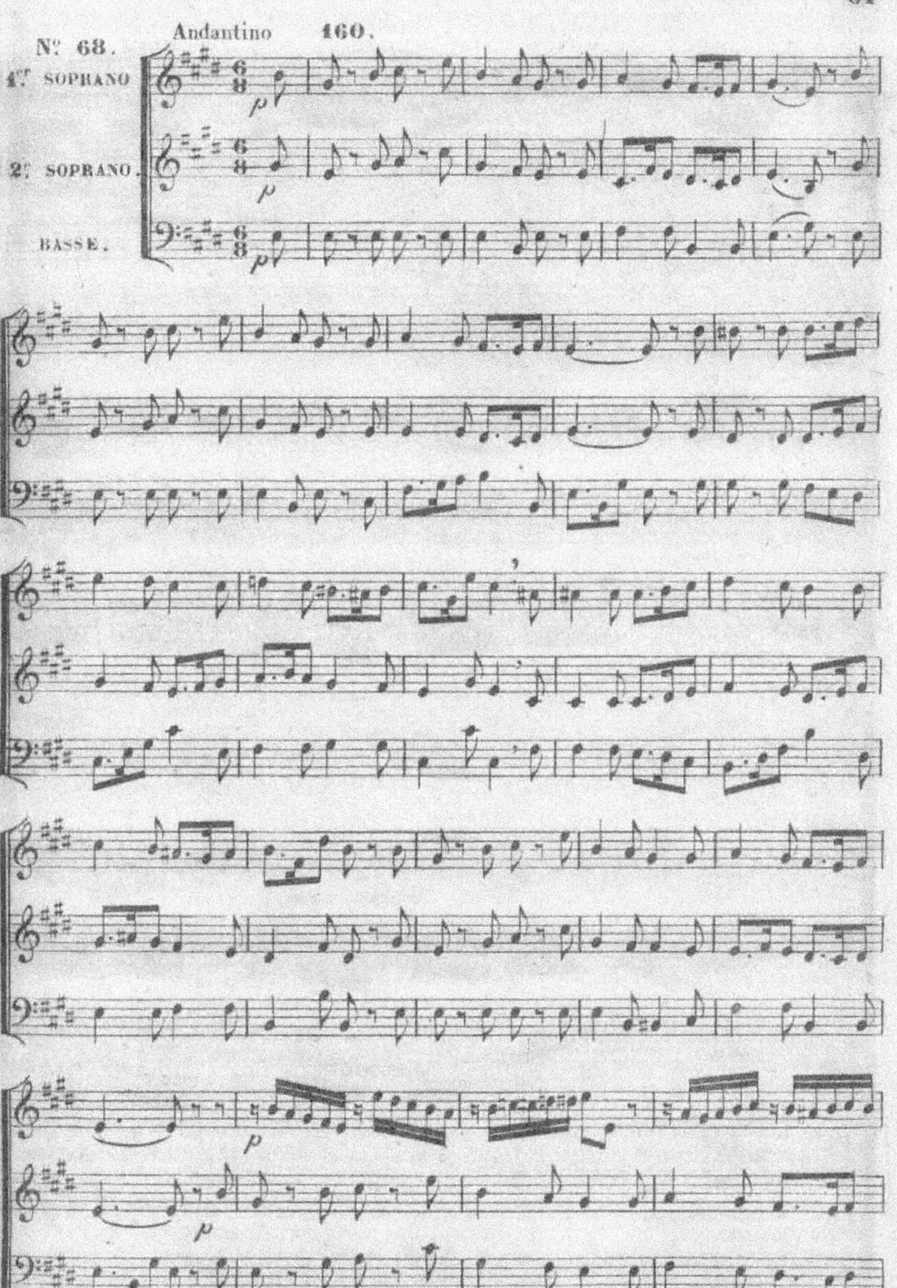
N.° 68.
Andantino
160.
1.er SOPRANO
2.d SOPRANO.
BASSE.
p

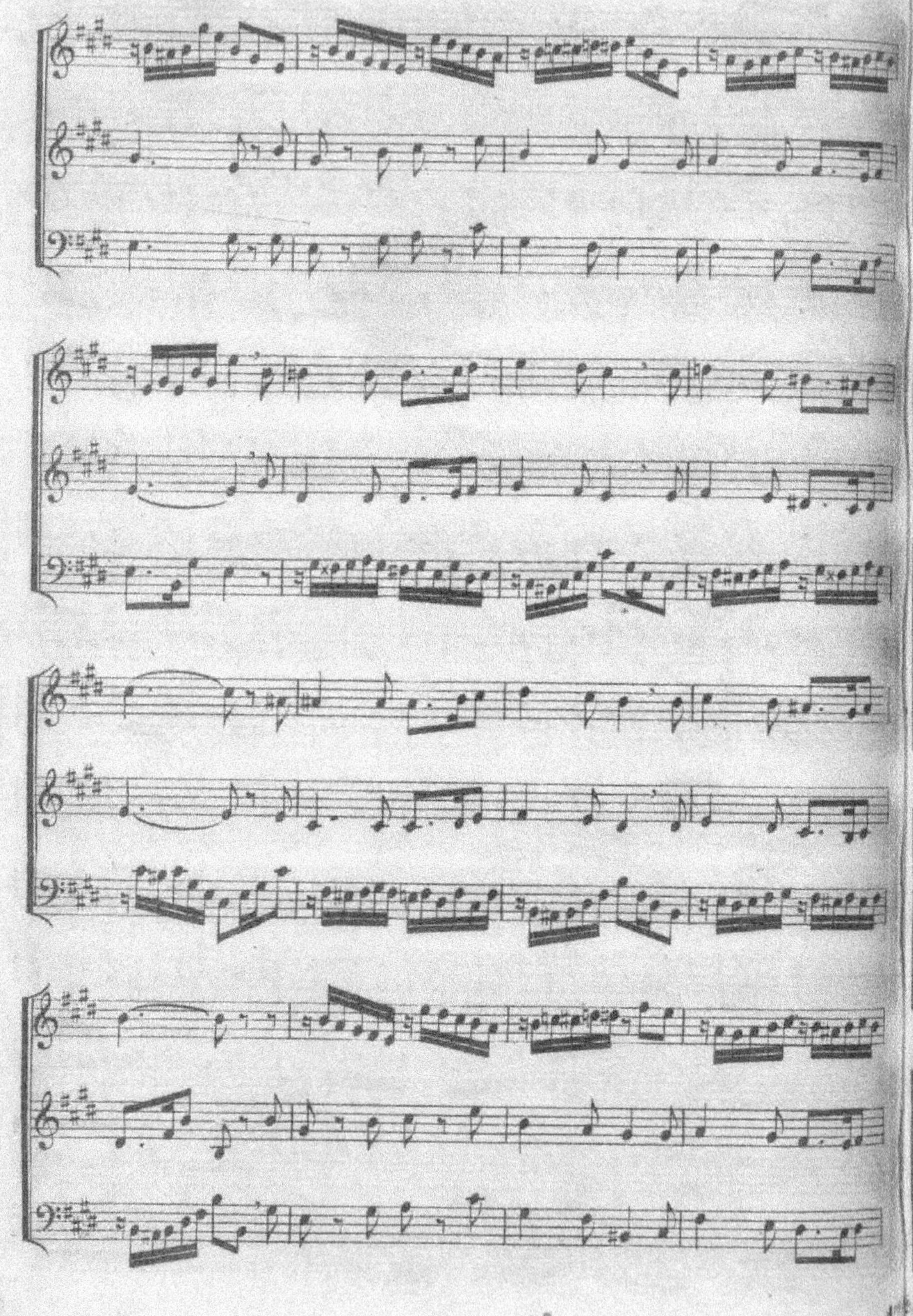

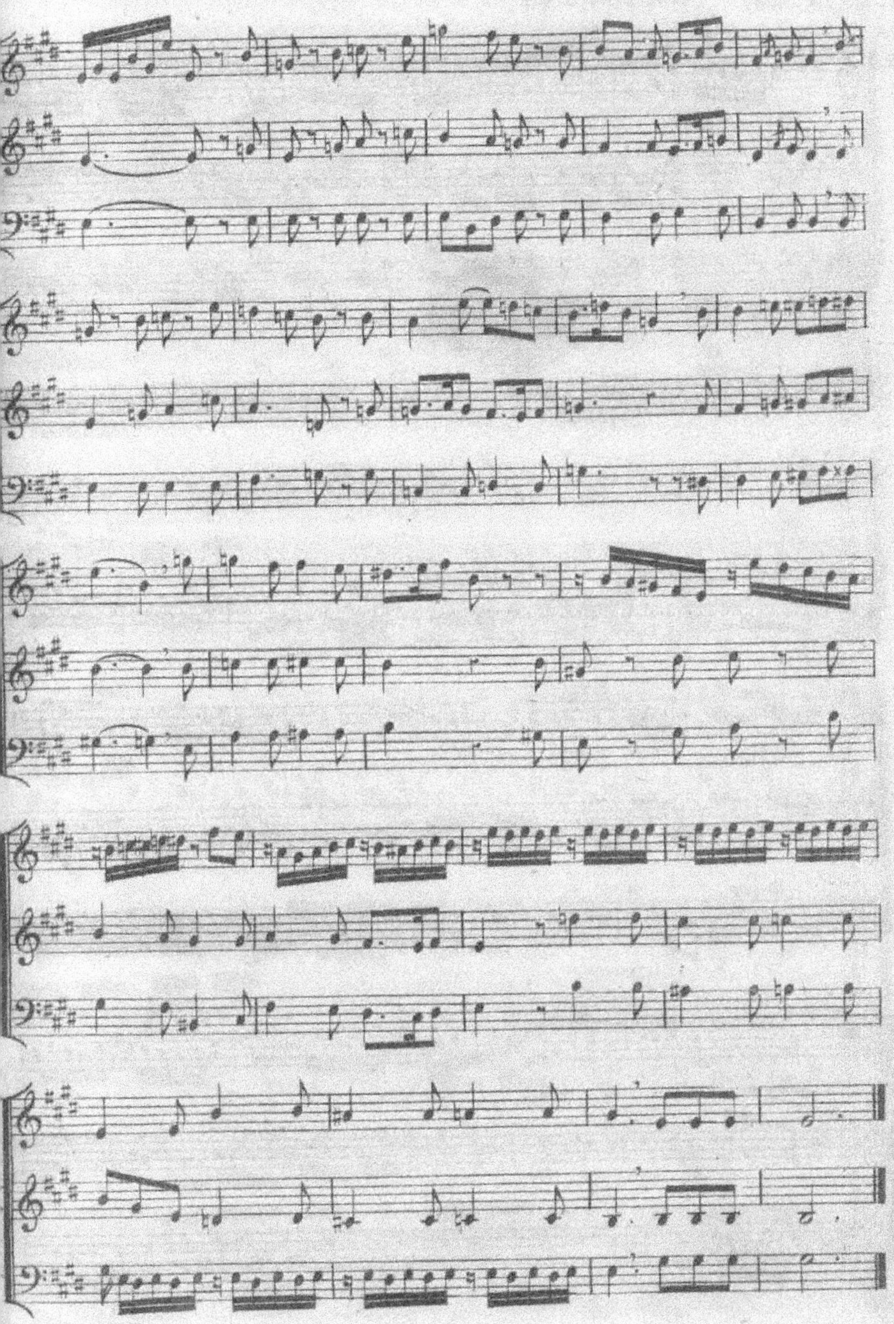

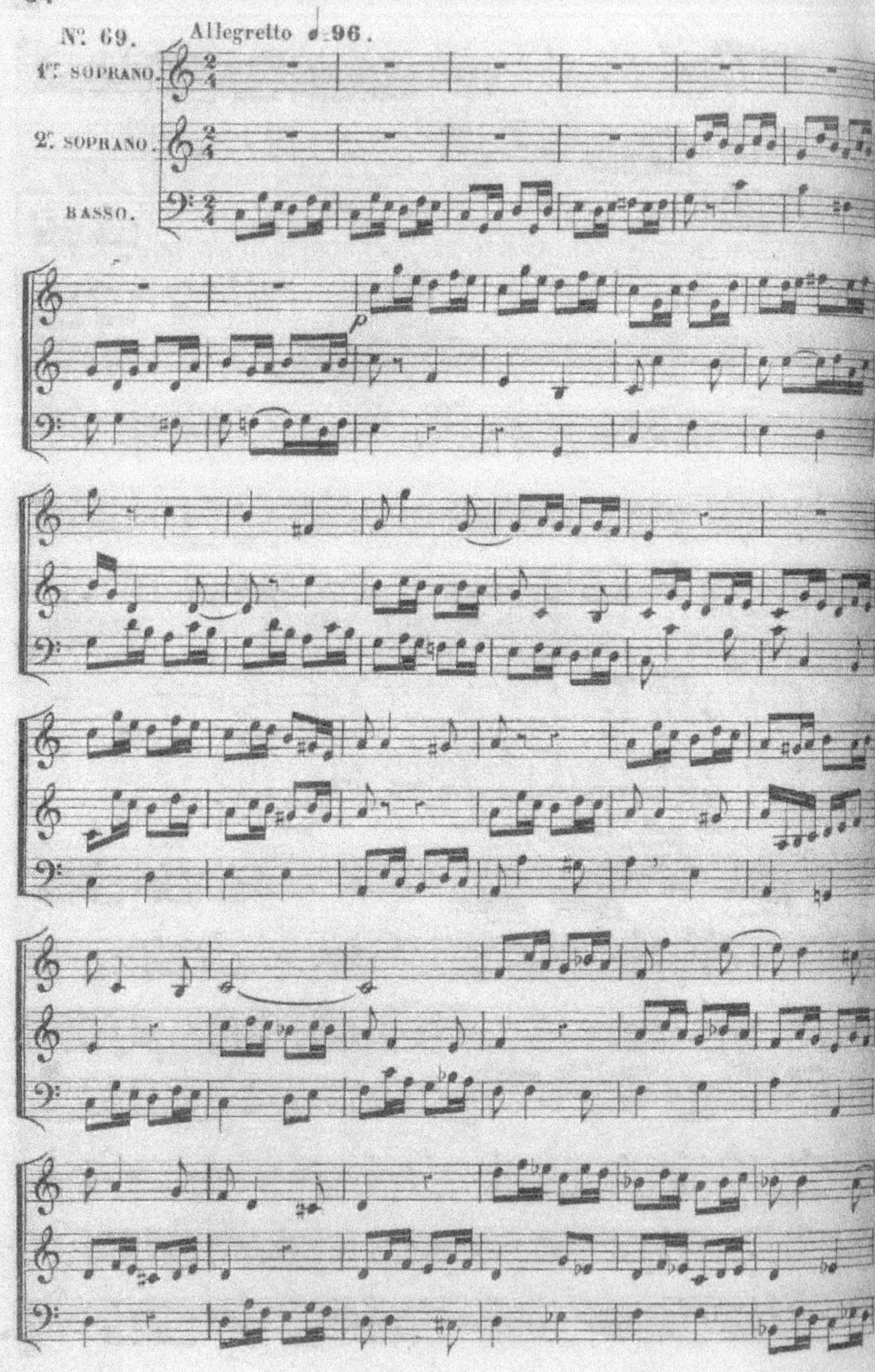
Nº. 69.
Allegretto 𝅗𝅥=96.
1ºr. SOPRANO.
2º. SOPRANO.
BASSO.
p

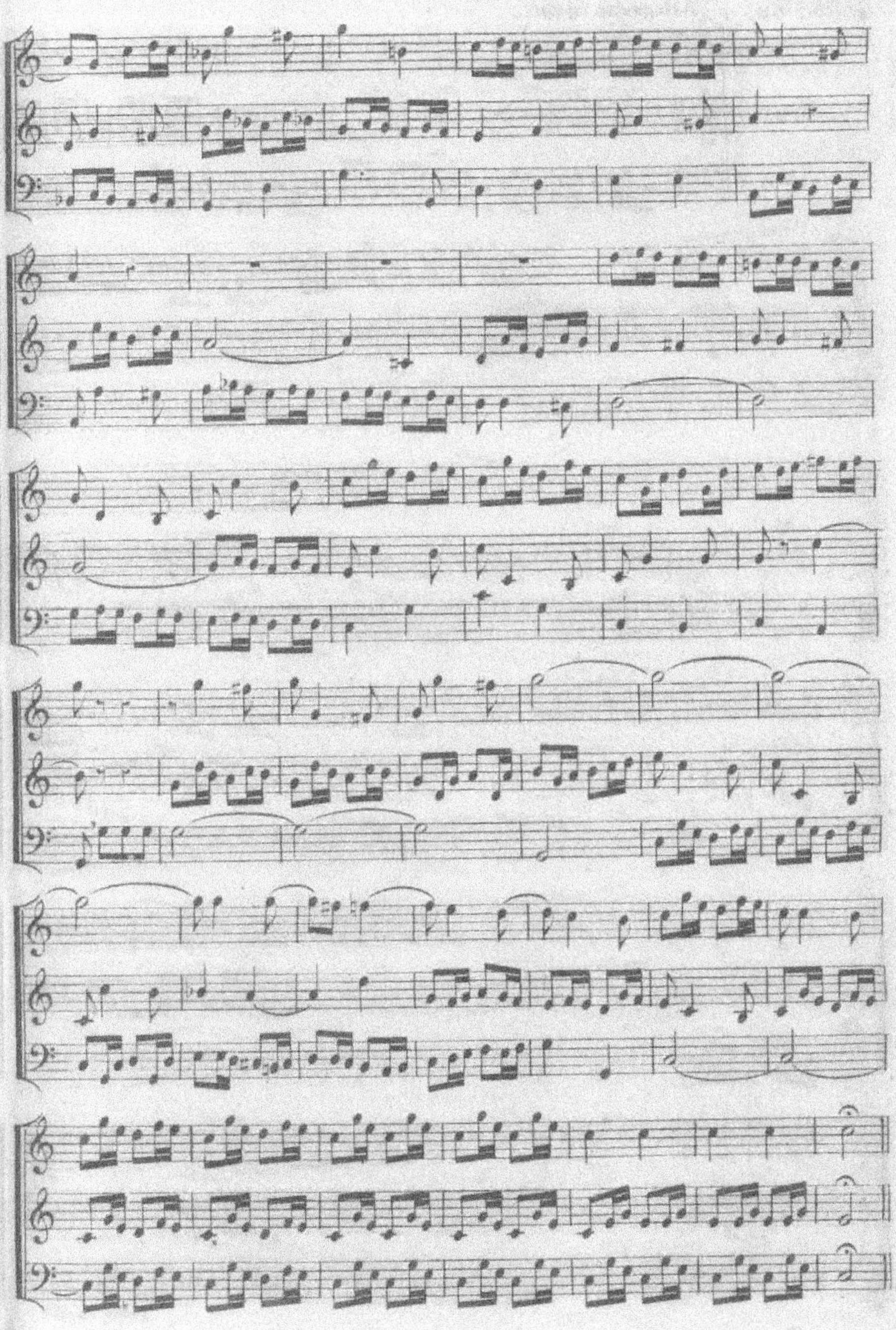

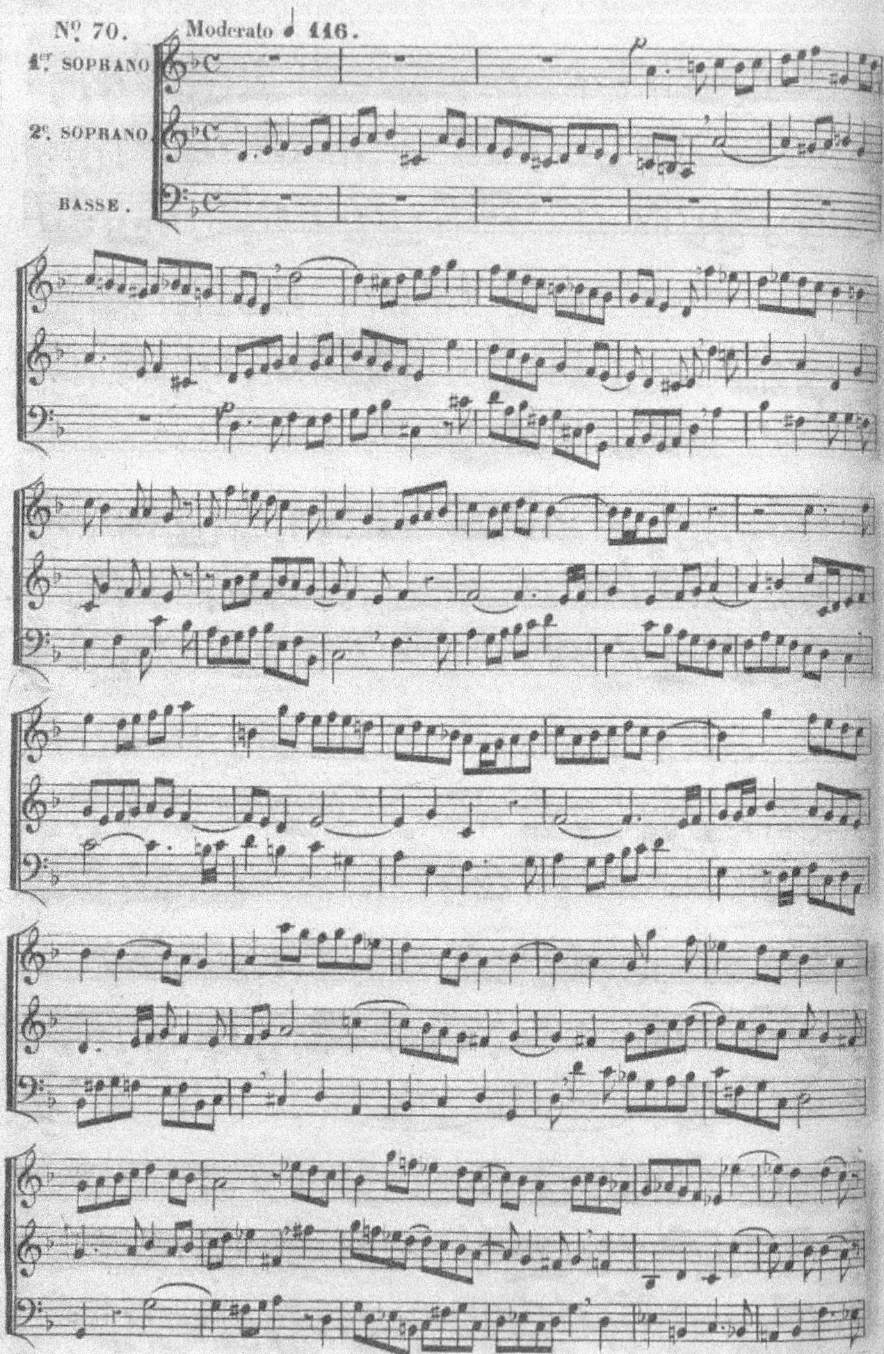

Nº 70. Moderato ♩ 116.

1er SOPRANO

2e SOPRANO

BASSE.

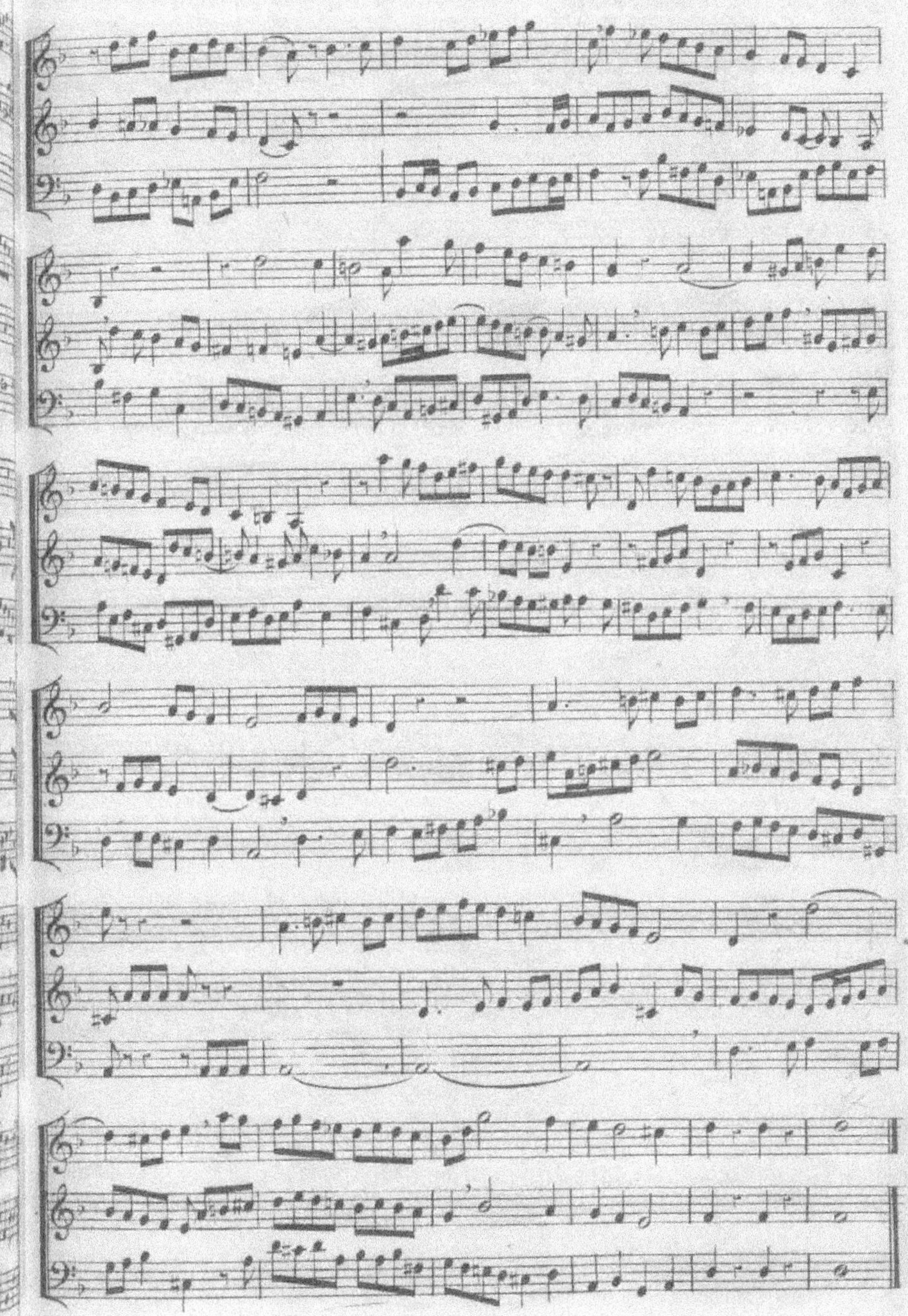

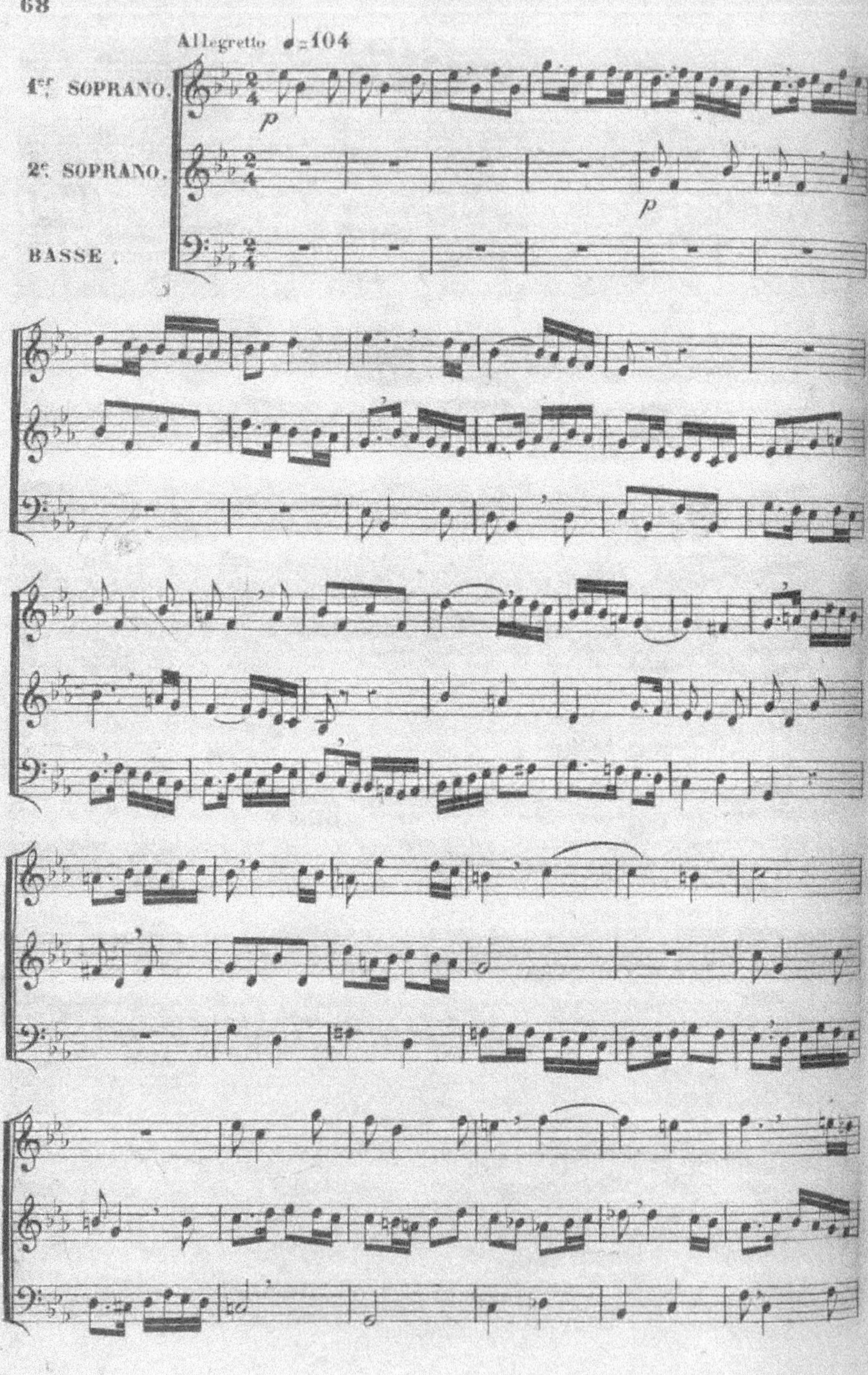
Allegretto ♩=104
1er SOPRANO.
2e SOPRANO.
BASSE.
p
p

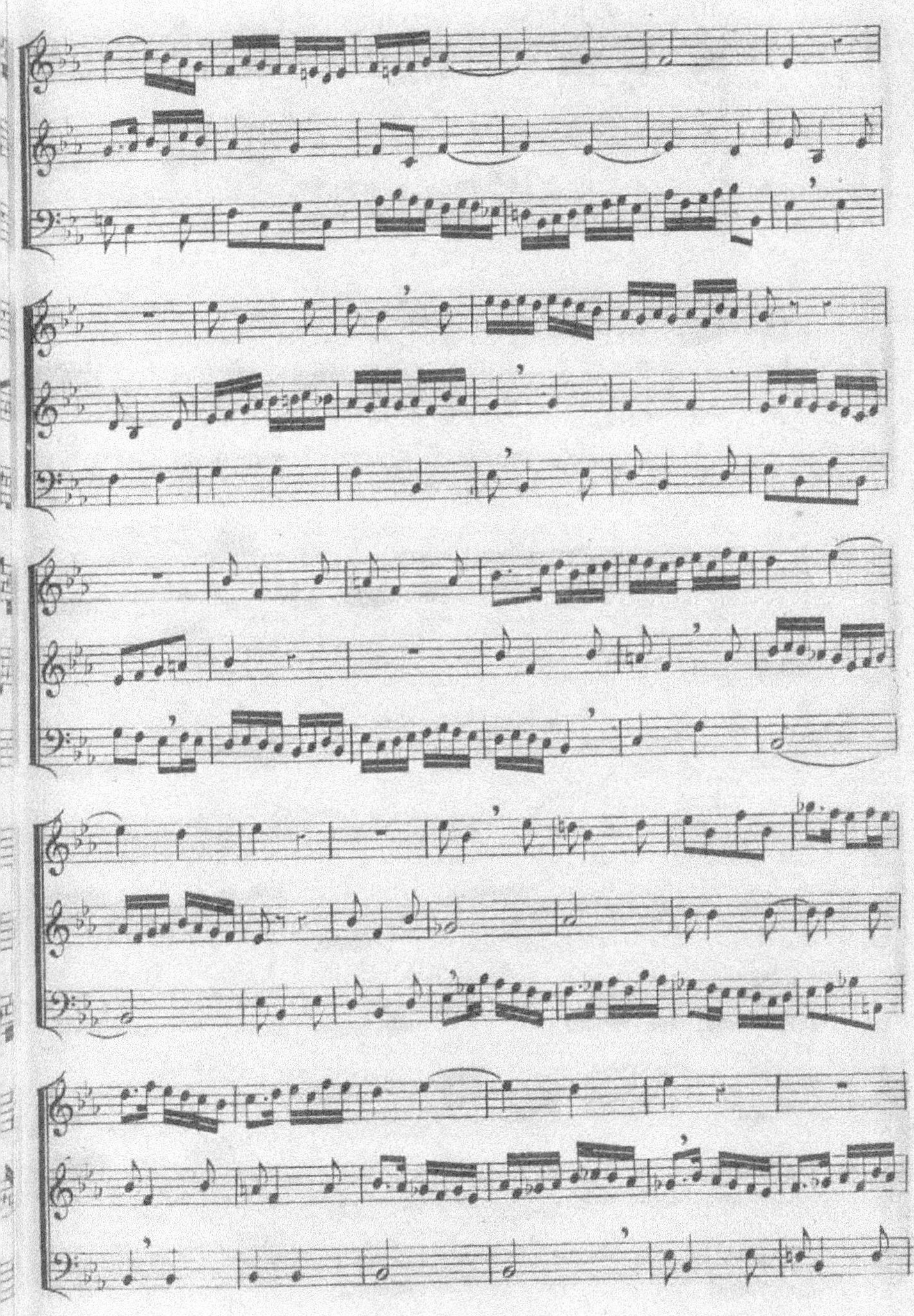

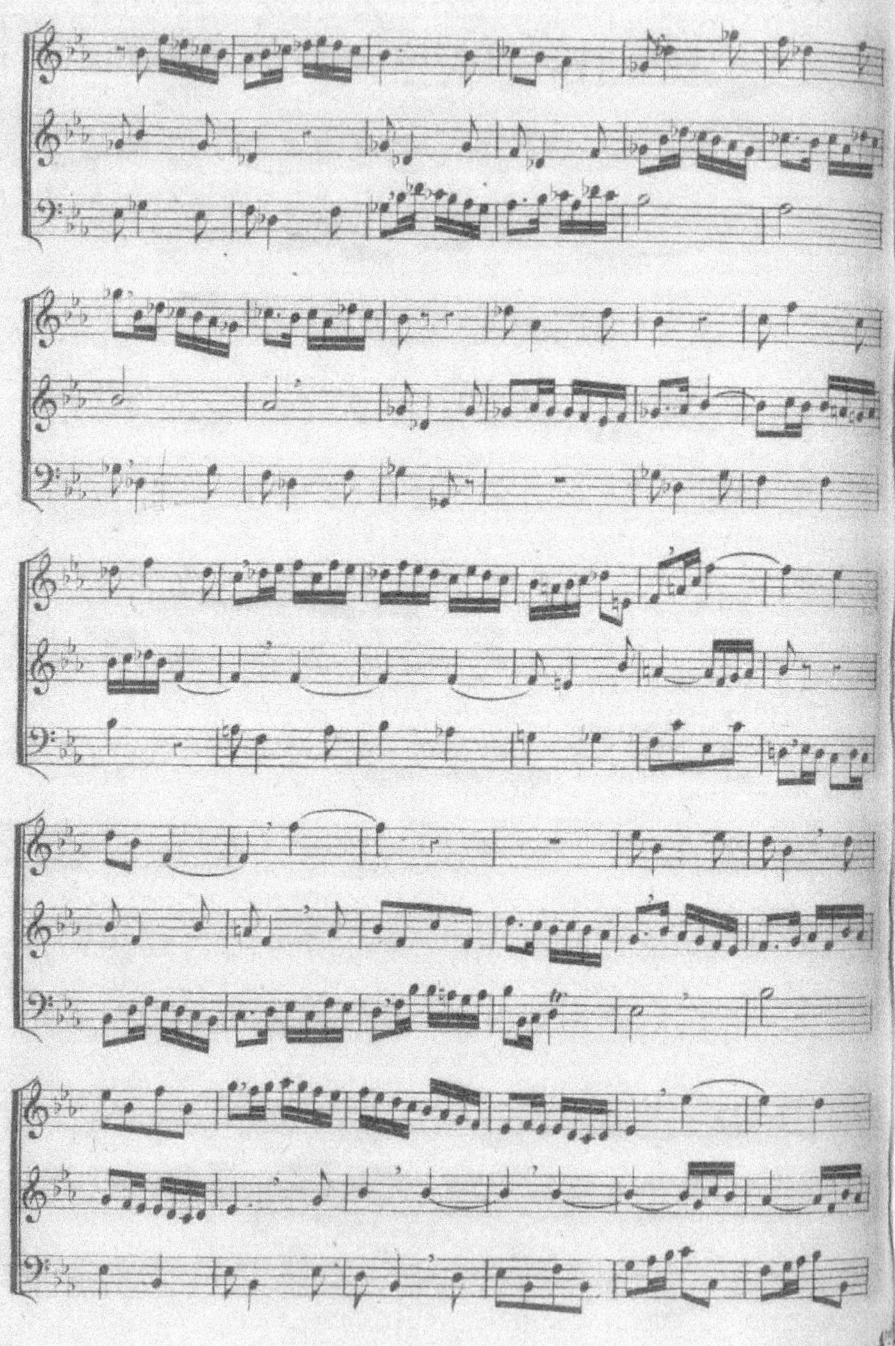

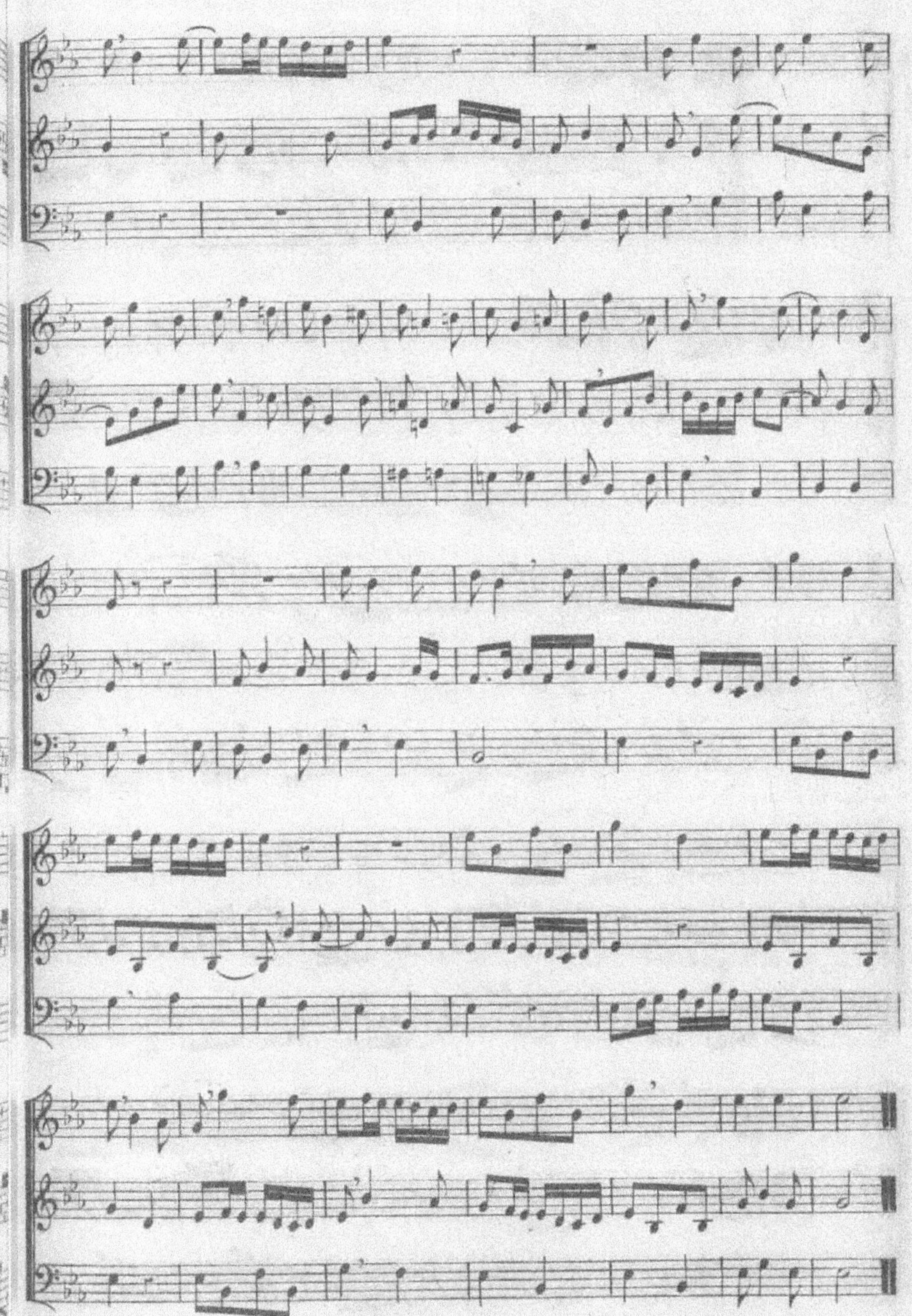

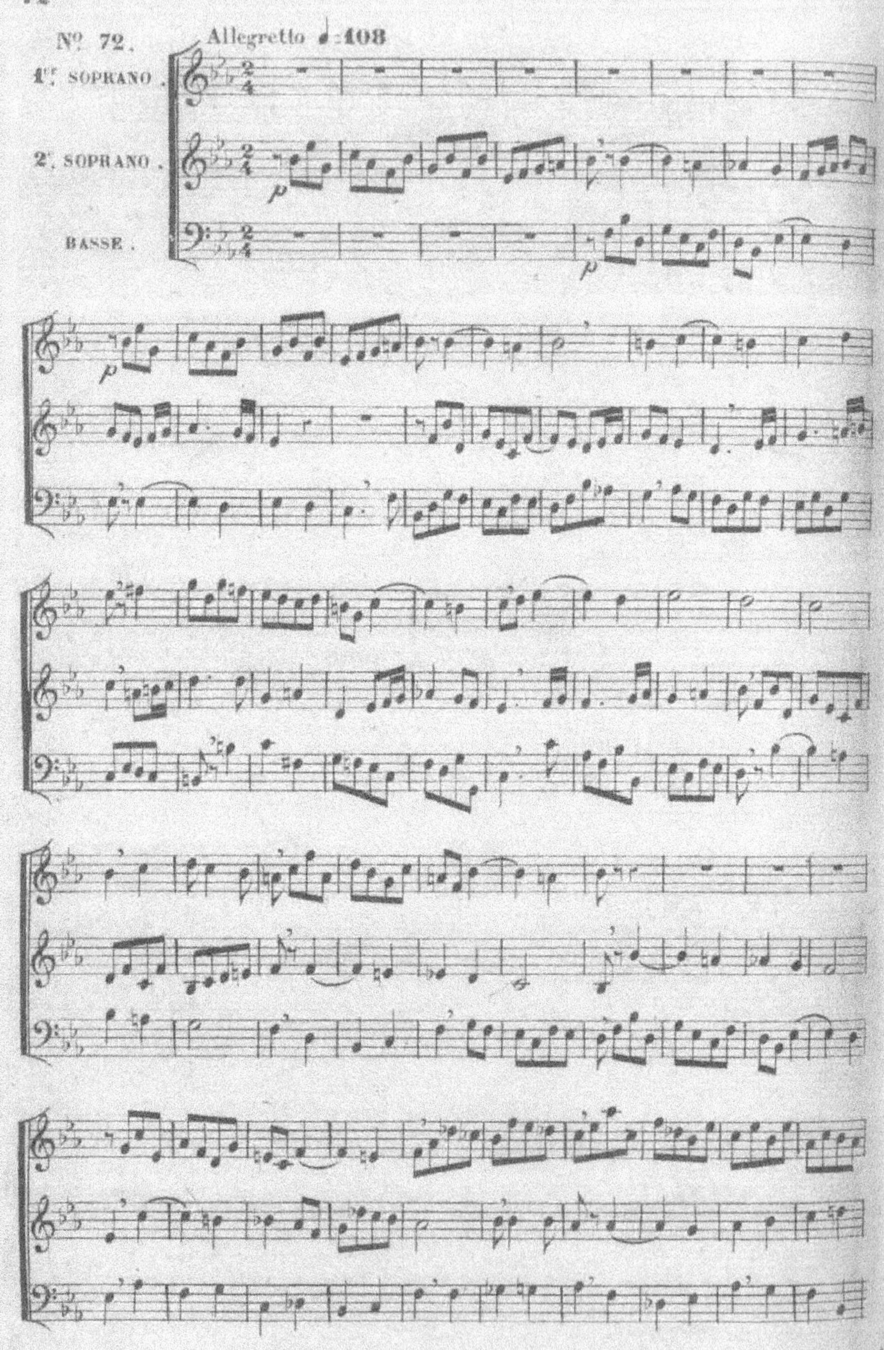
Nº 72.
Allegretto ♩=108
1er SOPRANO.
2e SOPRANO.
BASSE.
p
p
p

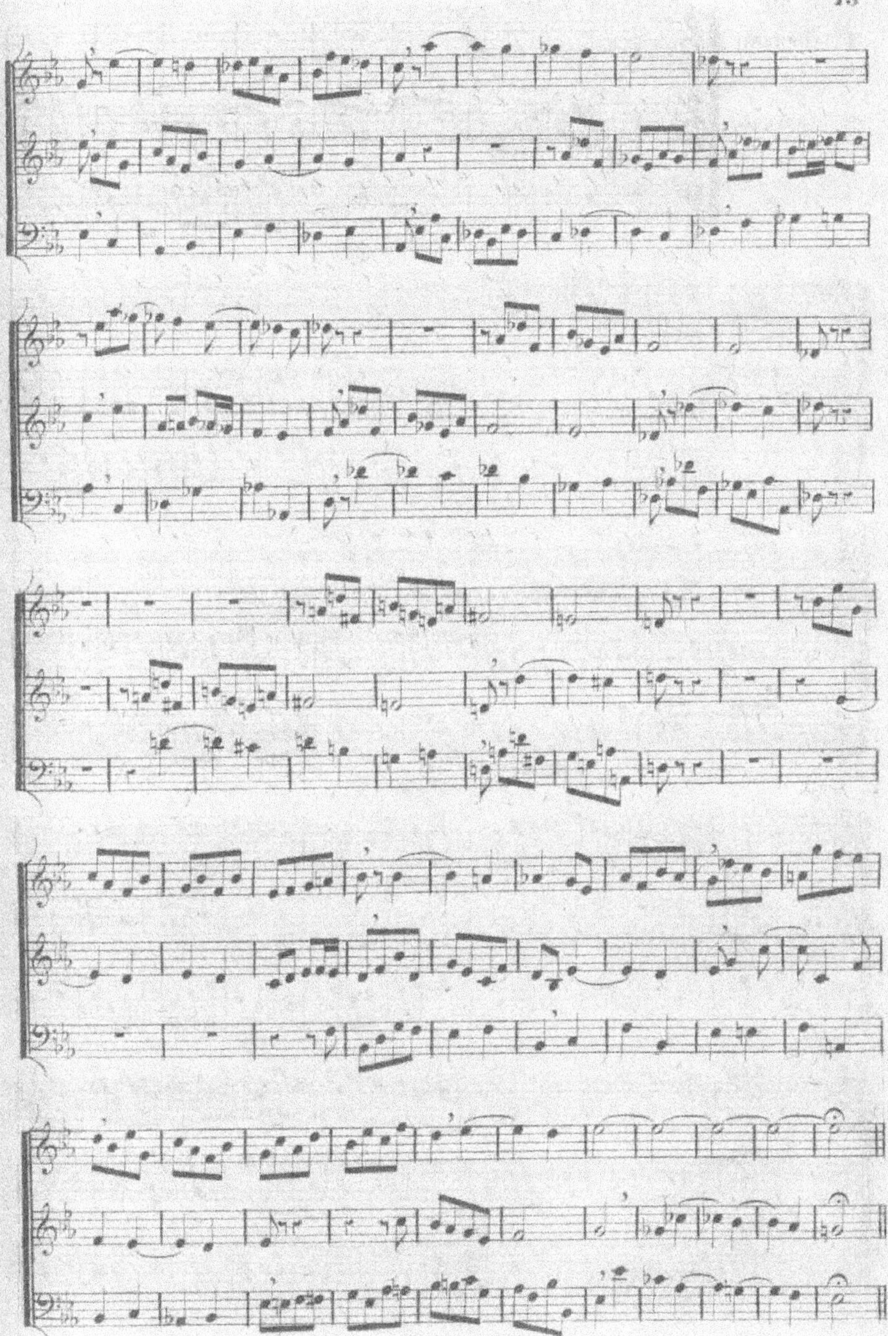

CANON A TROIS VOIX ÉGALES.

Nº 73.

Allegretto. (𝅗𝅥=112)

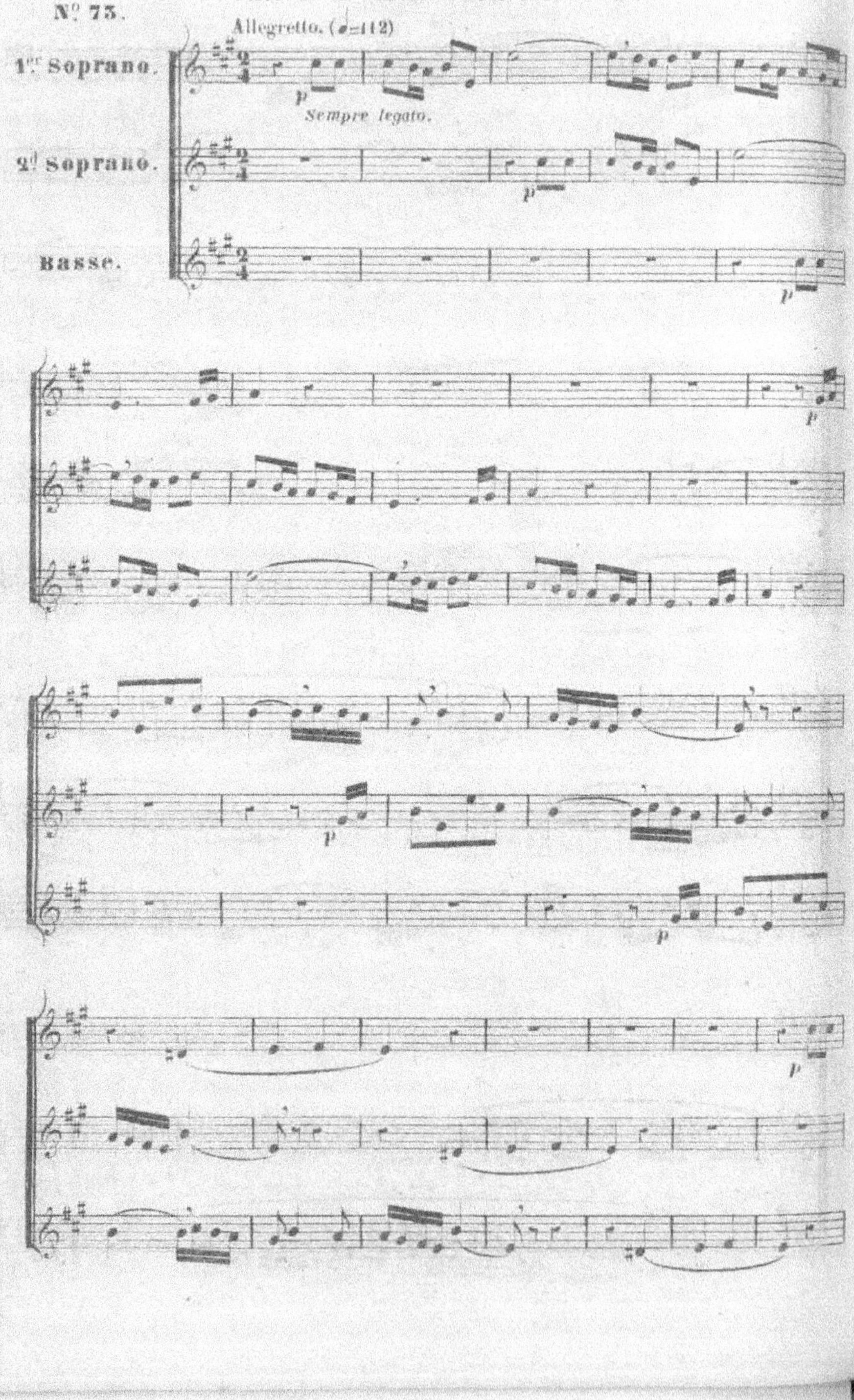

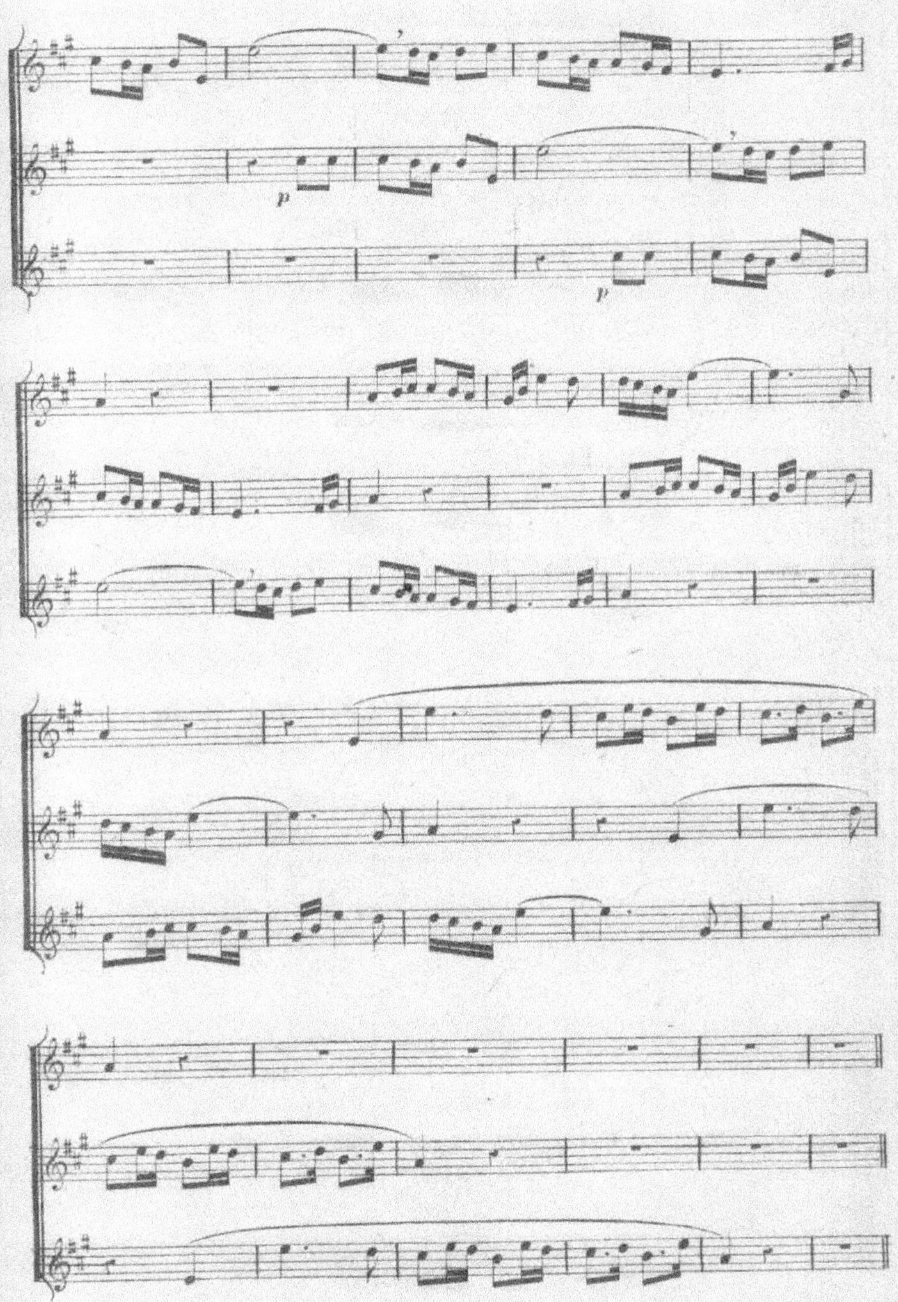
p
p

Nº 74.

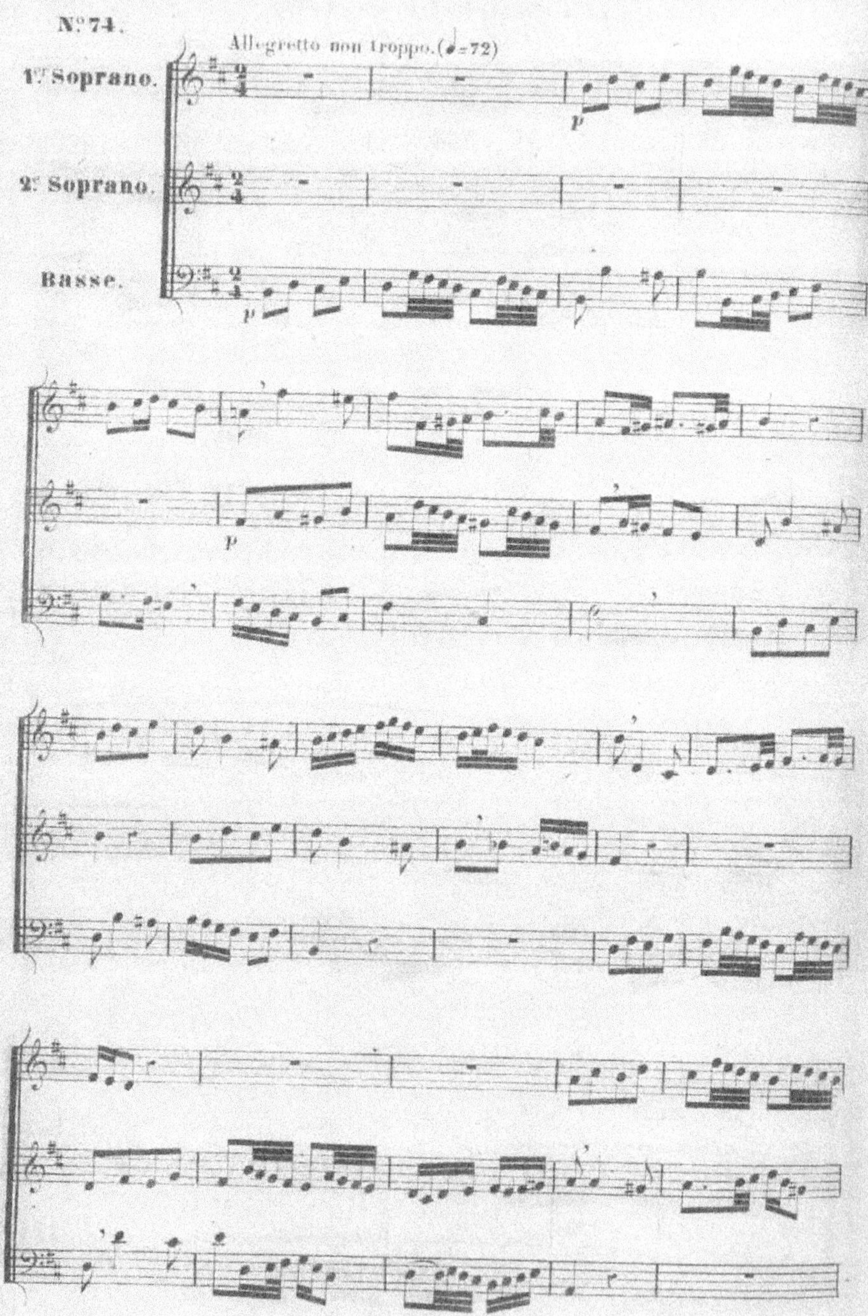

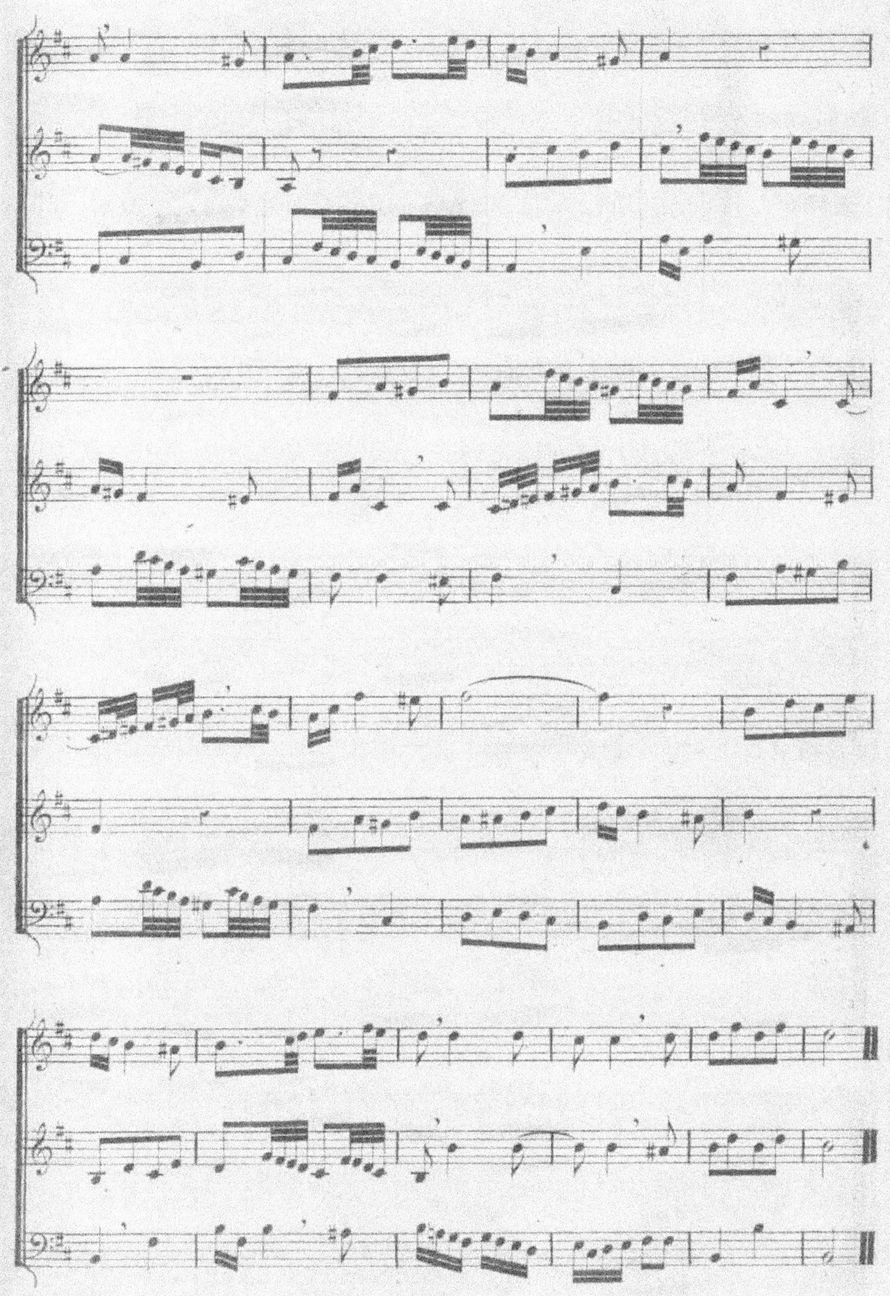

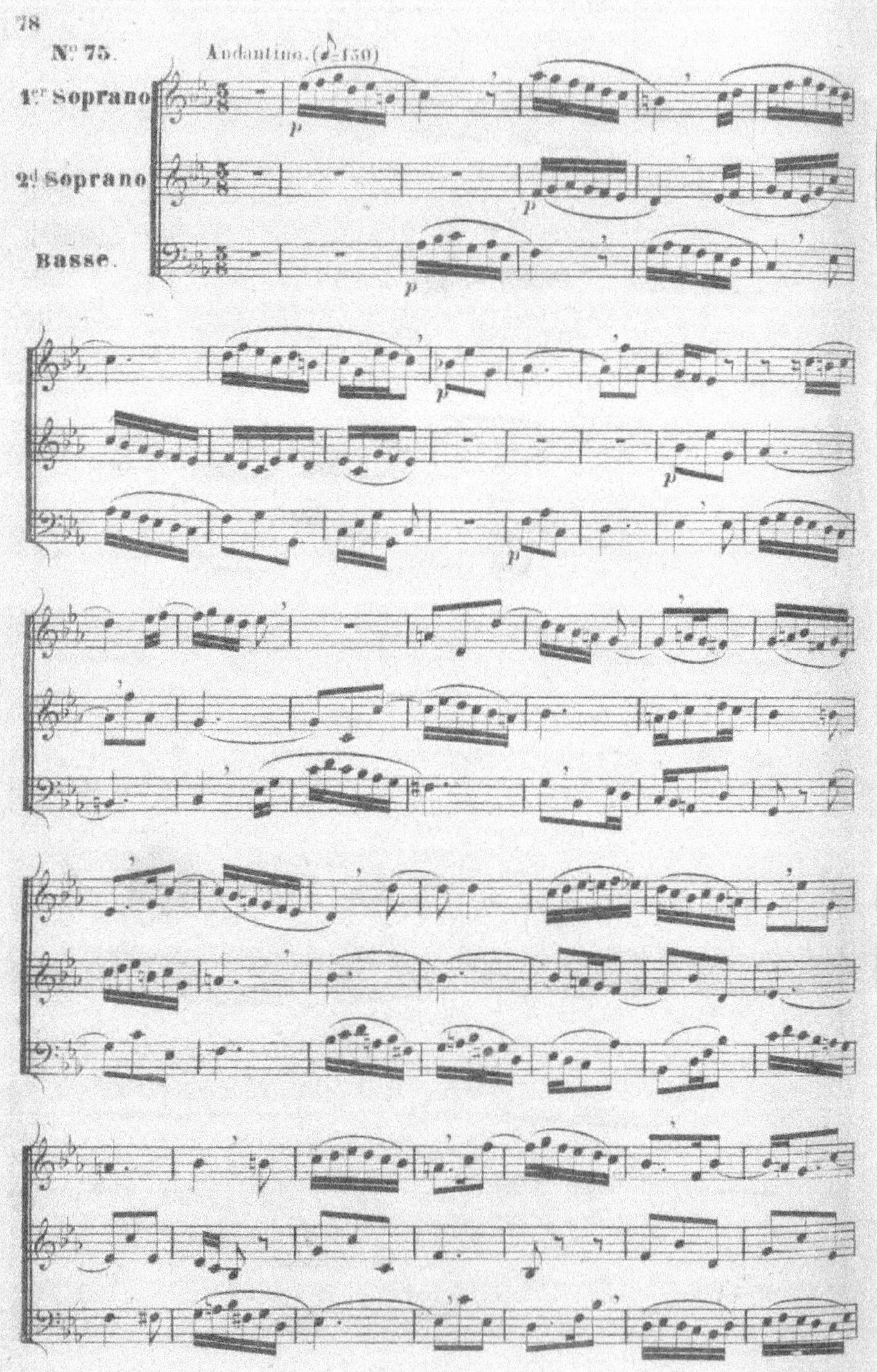
N° 75.
Andantino. (♪=150)
1.er Soprano
2.d Soprano
Basse.
p
p
p
p
p
p

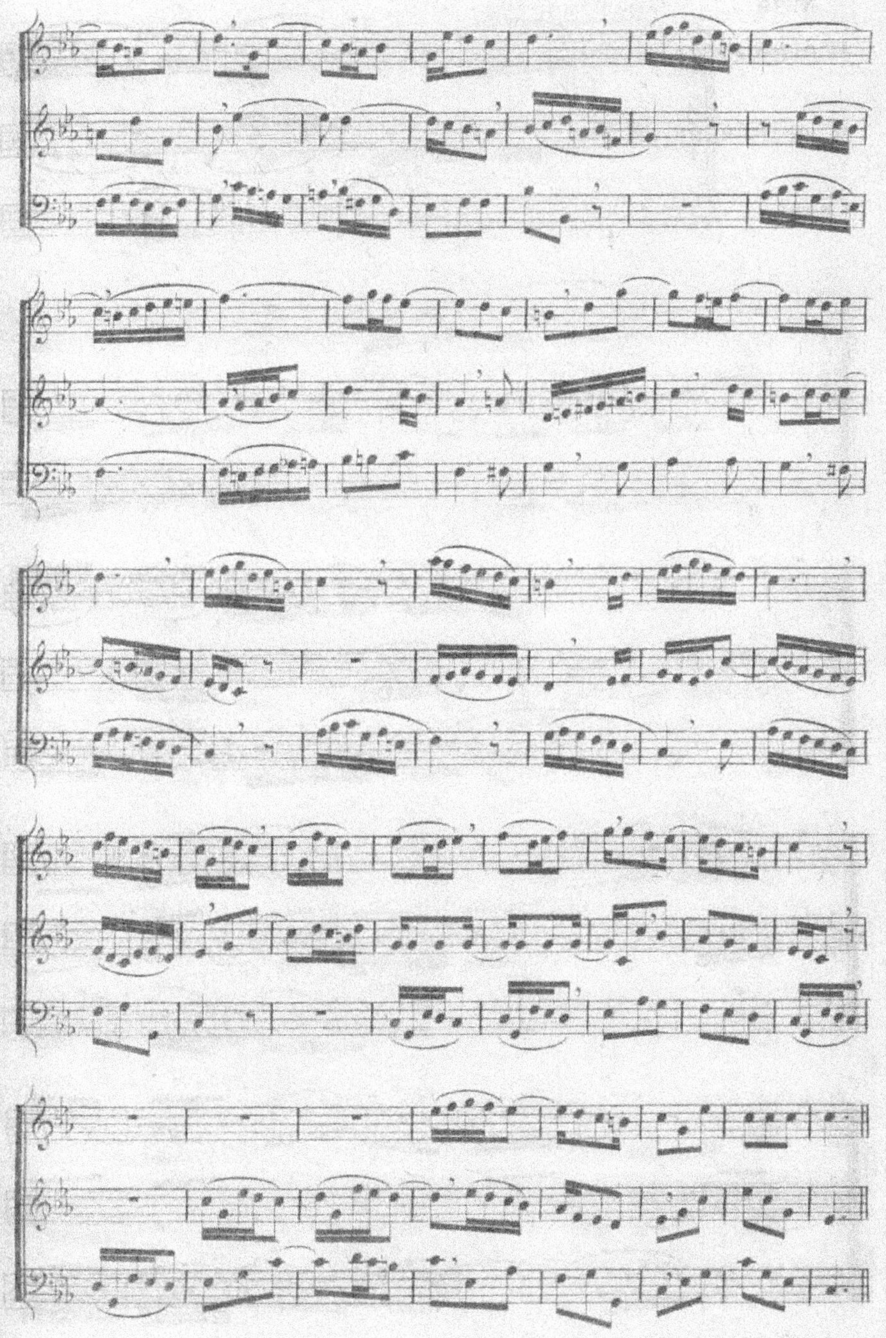

N° 76.

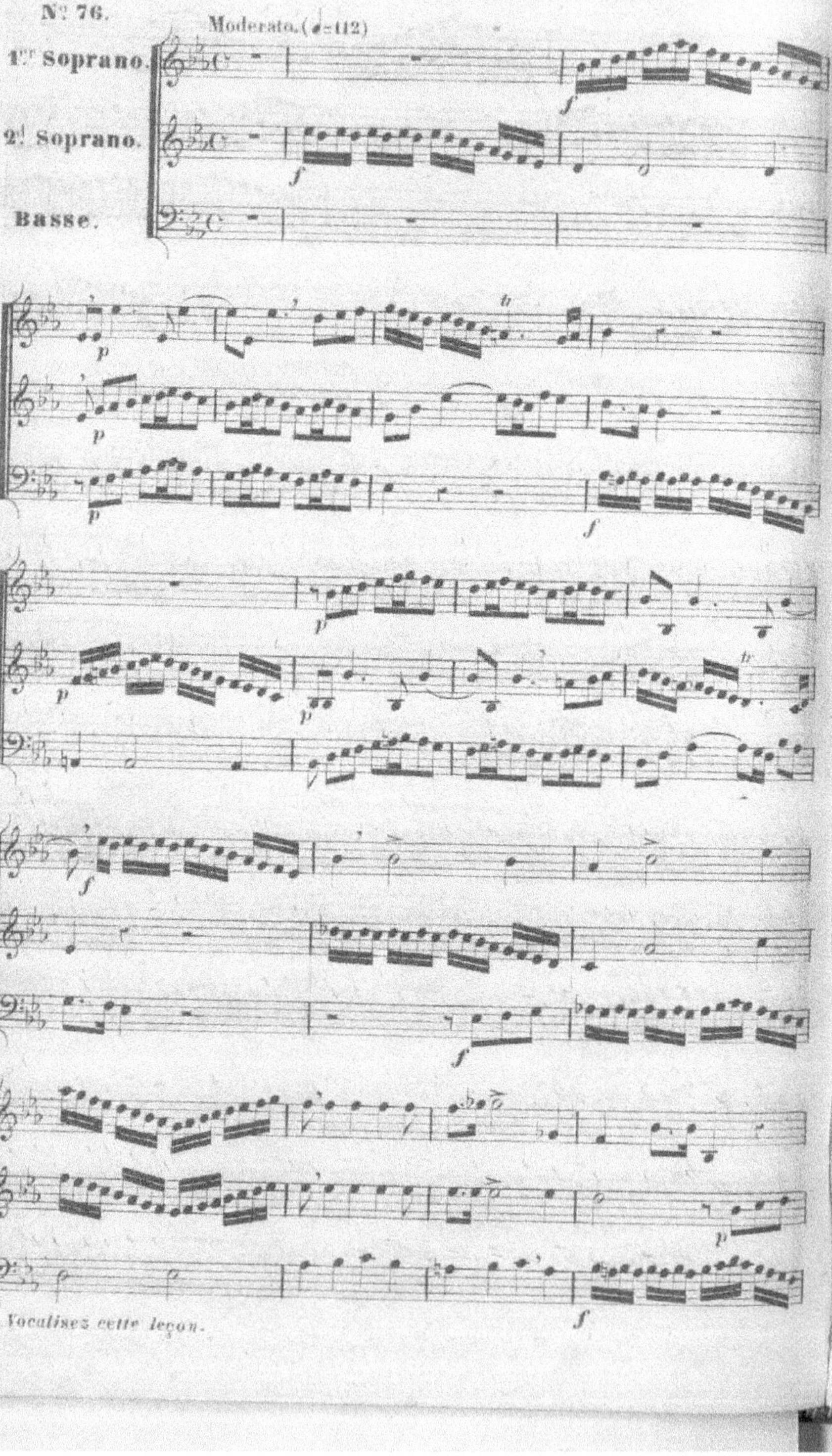

Moderato. (♩=112)

1er Soprano.

2^d Soprano.

Basse.

f p tr f

Vocalisez cette leçon.

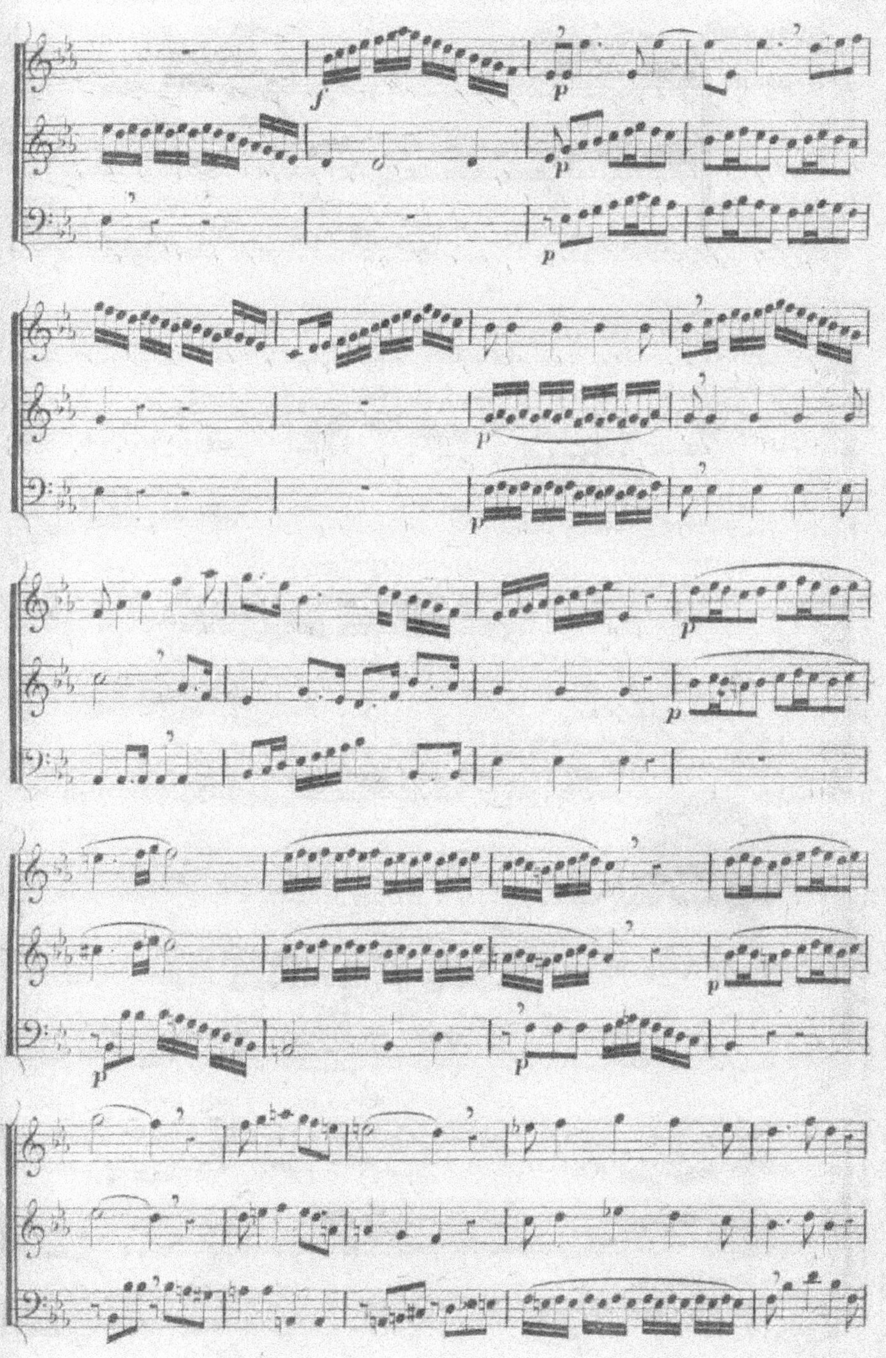

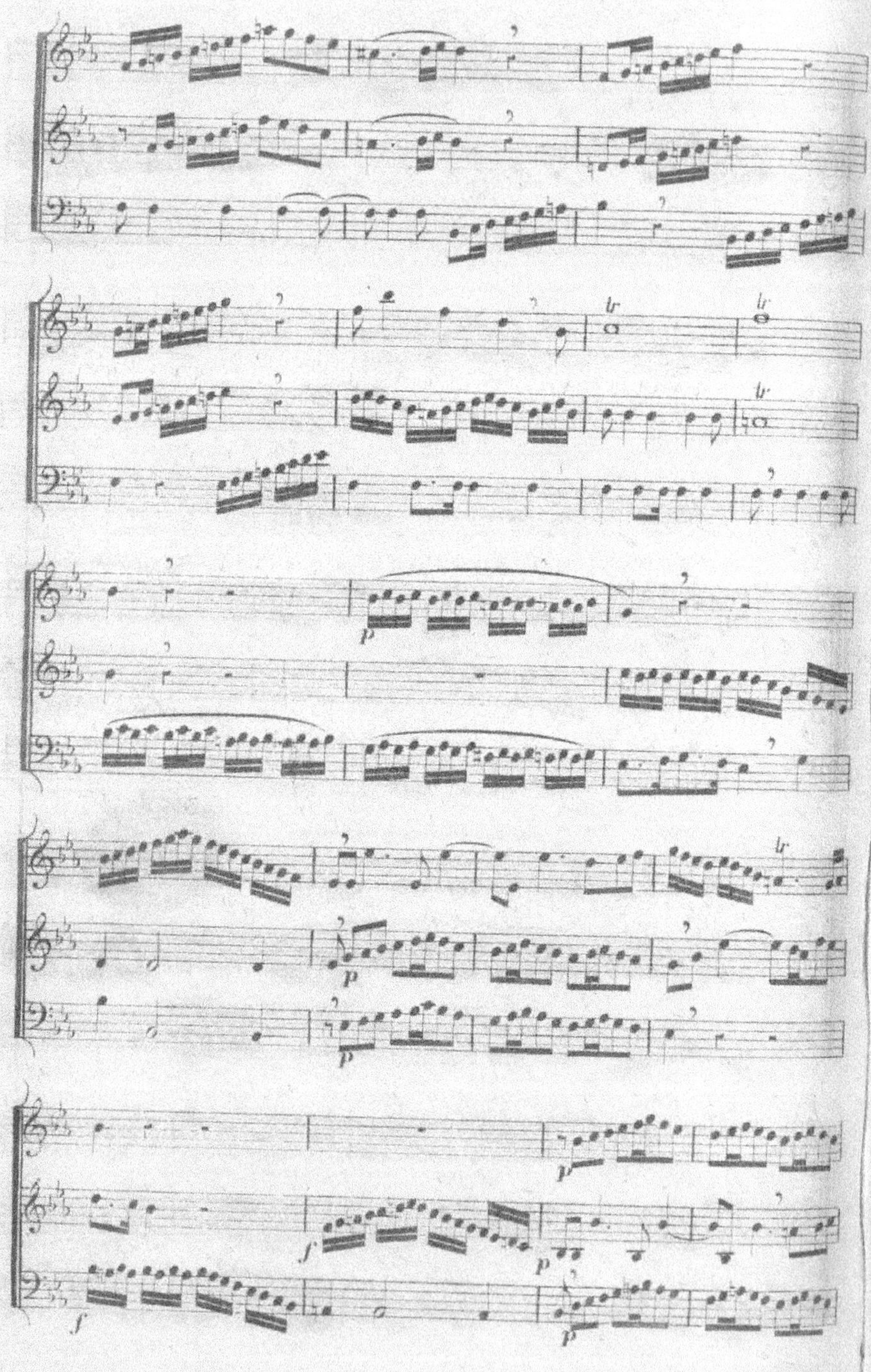
p
p
p
f
f
p
p
p

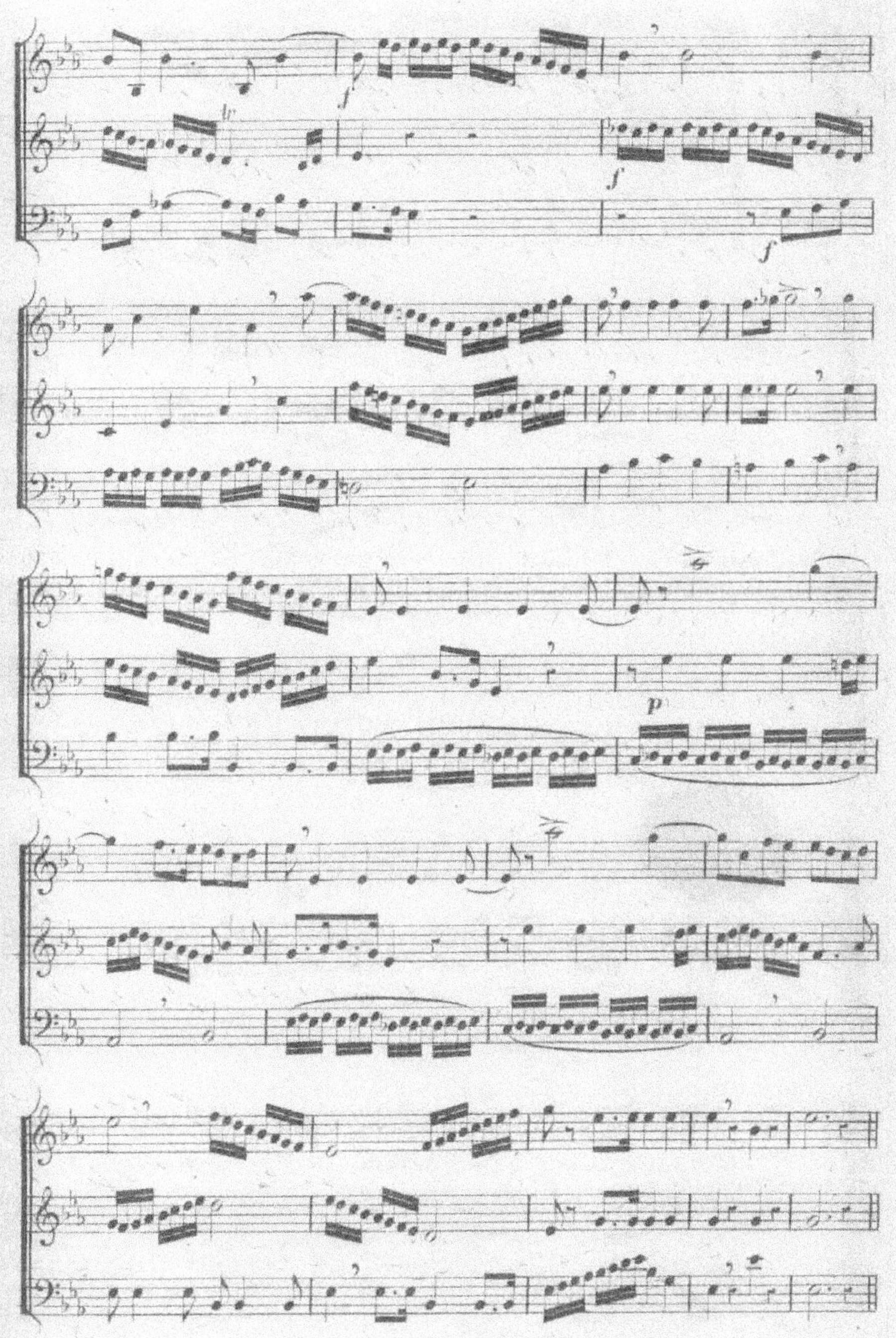
f
f
f
p

N° 77.

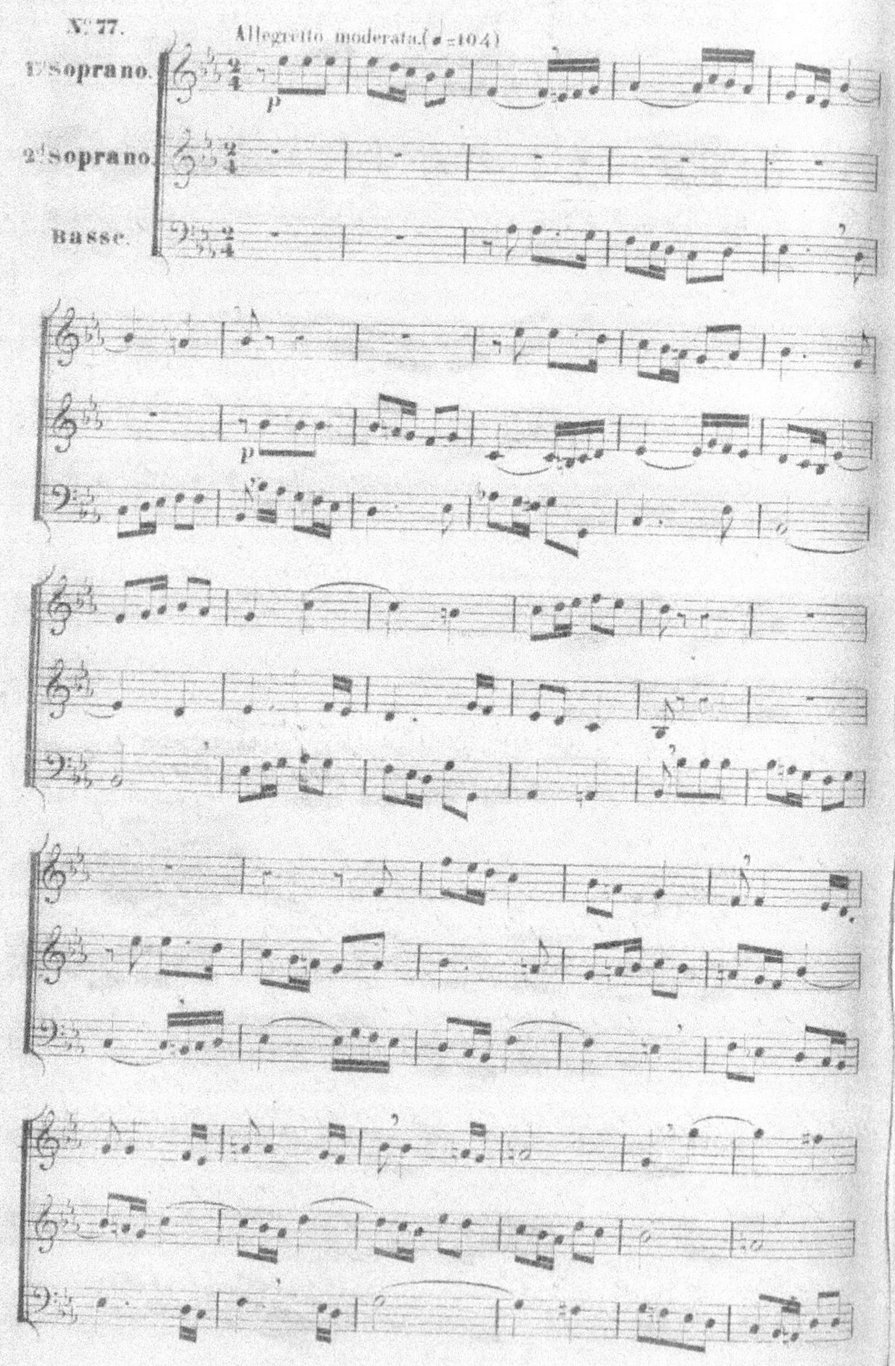

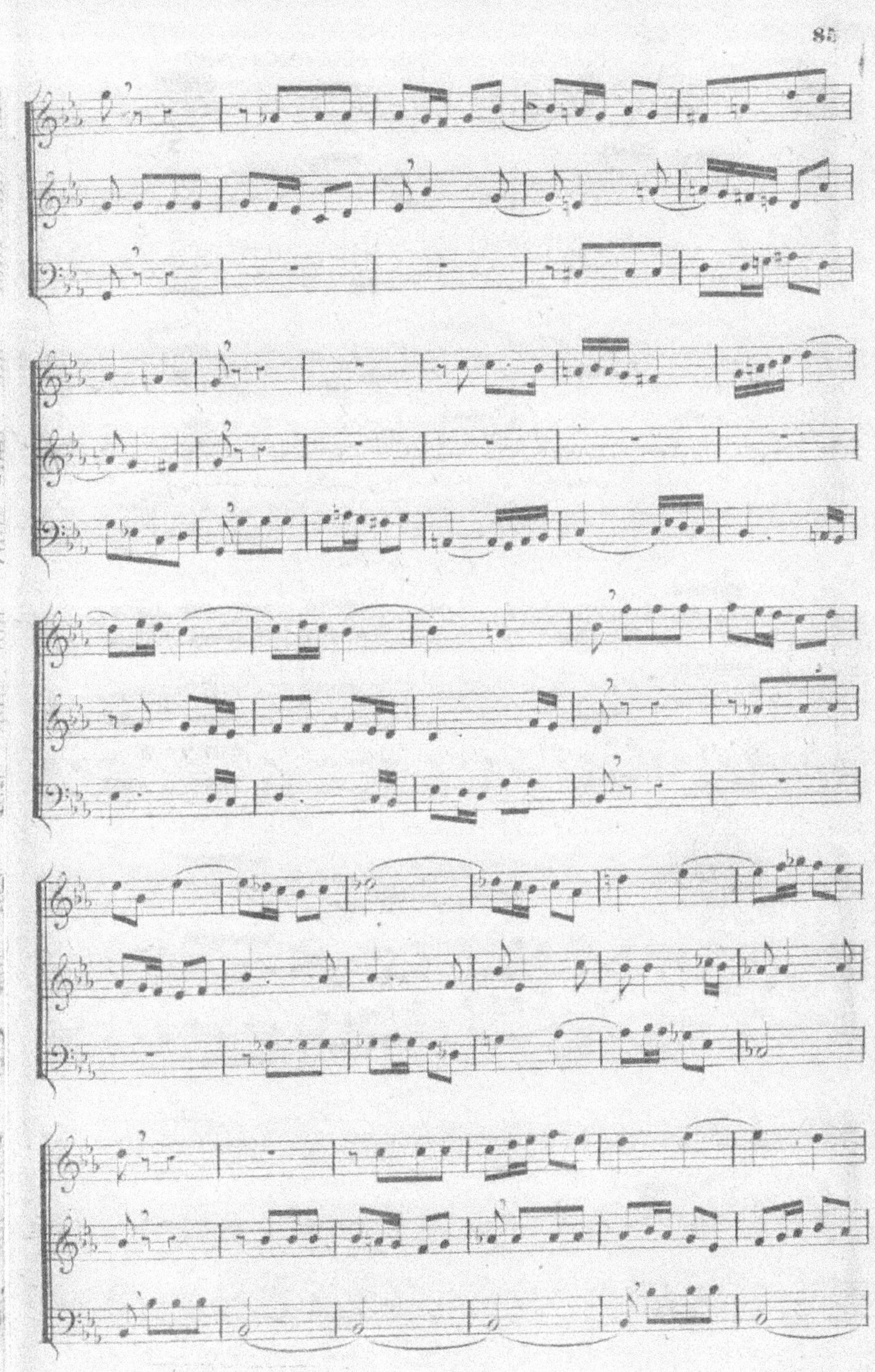

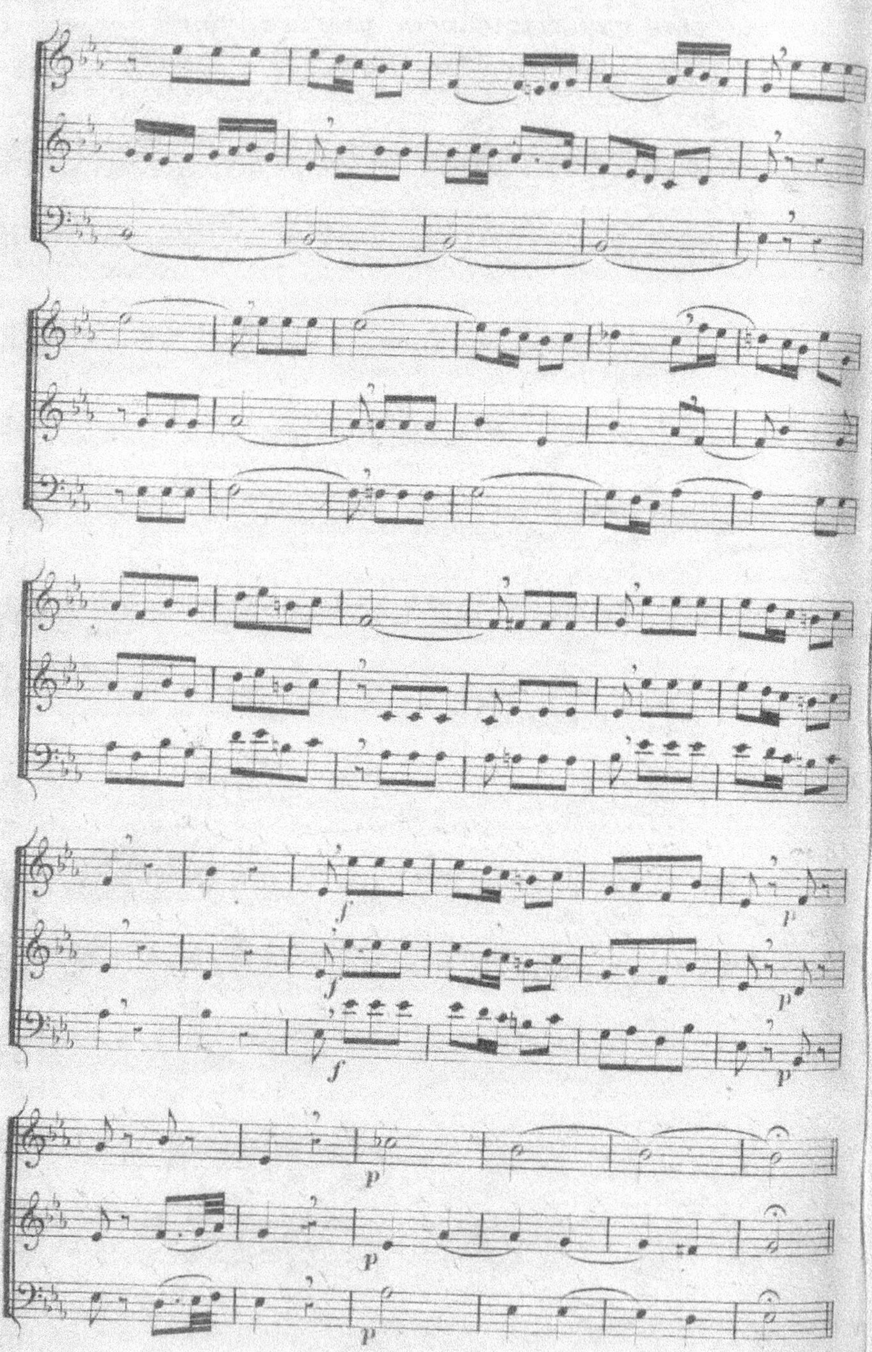

TRIO CHROMATIQUE ET ENHARMONIQUE.

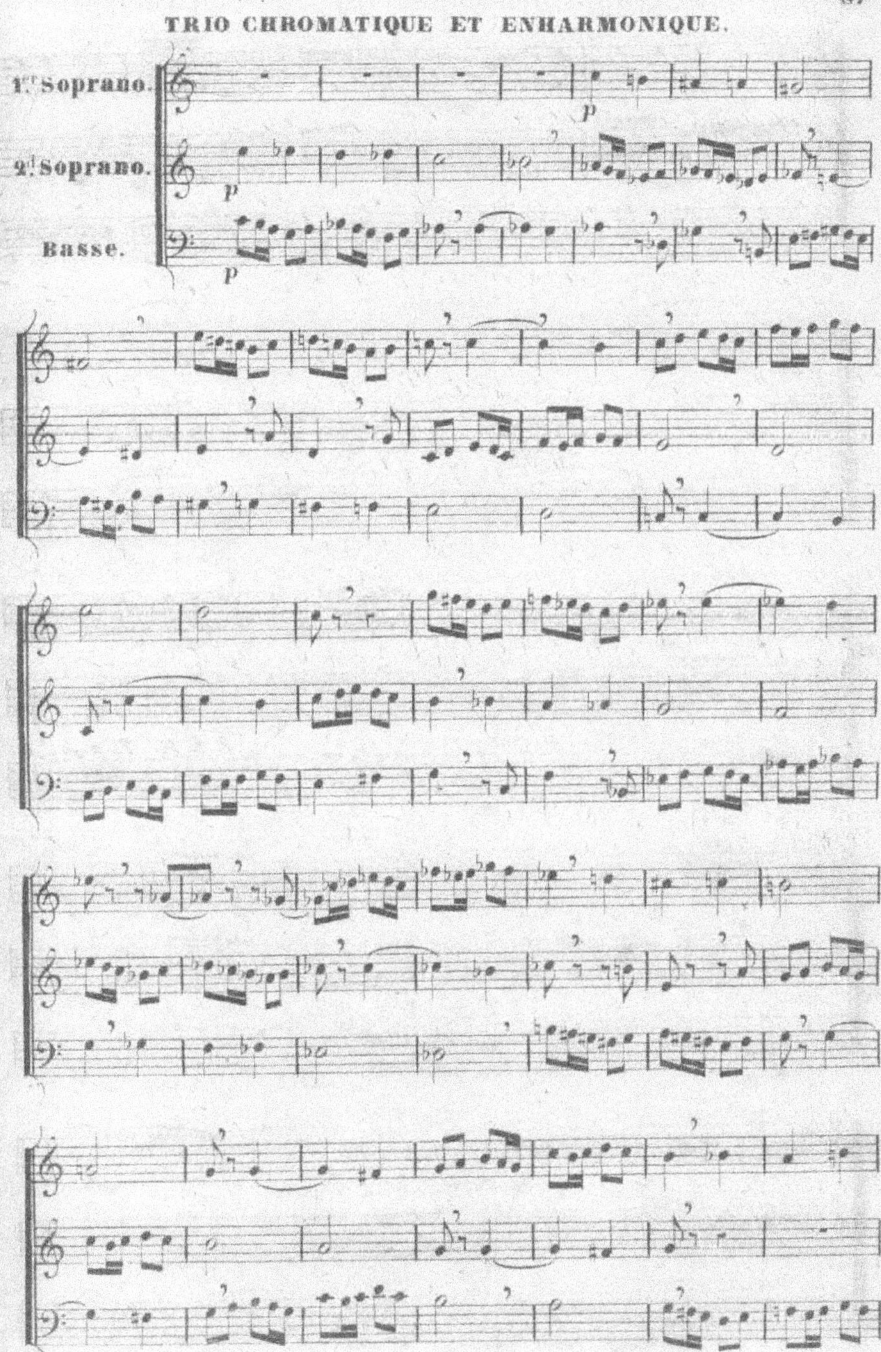

Defiez vous des Enharmoniques — chantez cette leçon pianissimo.

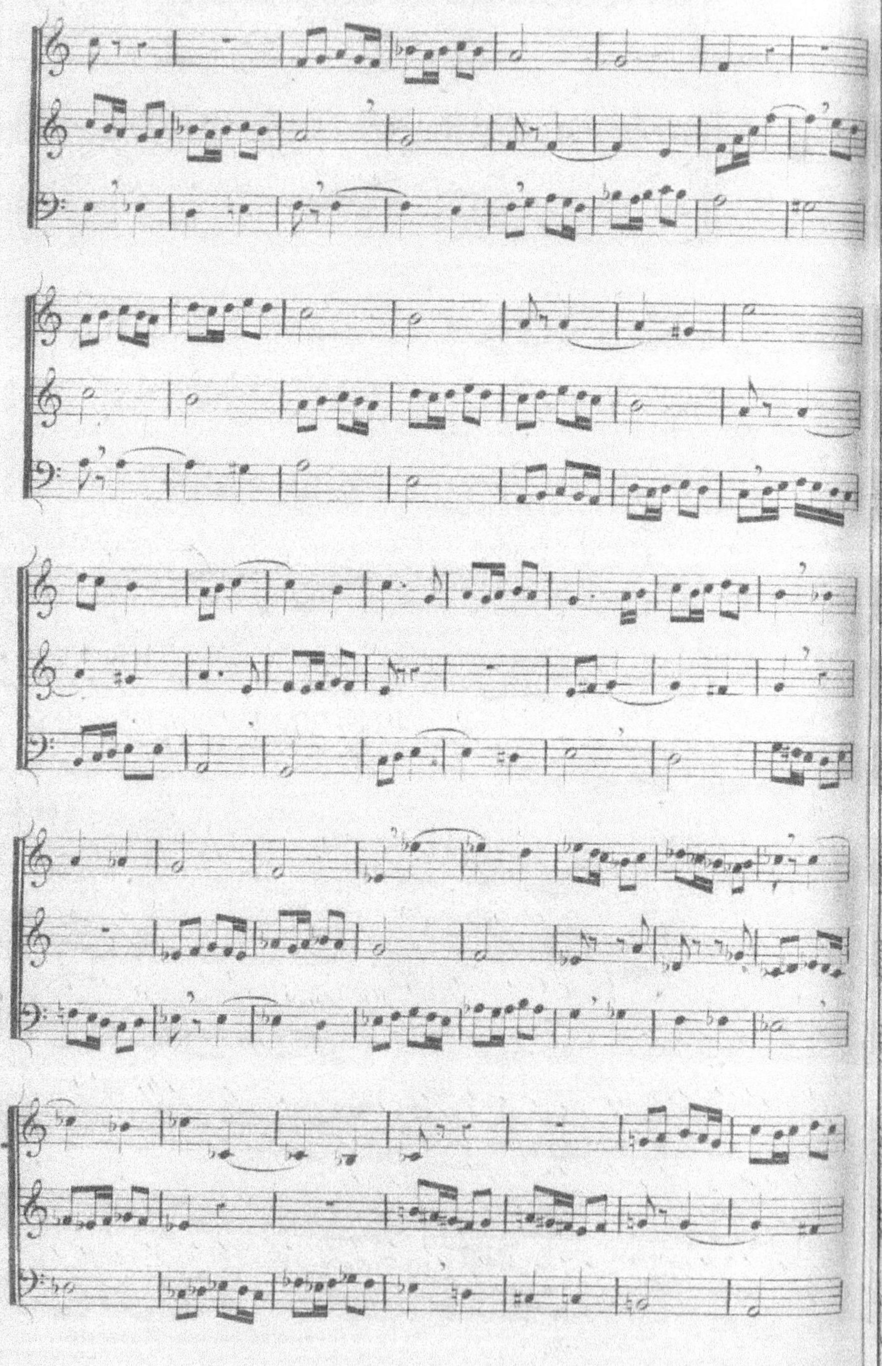

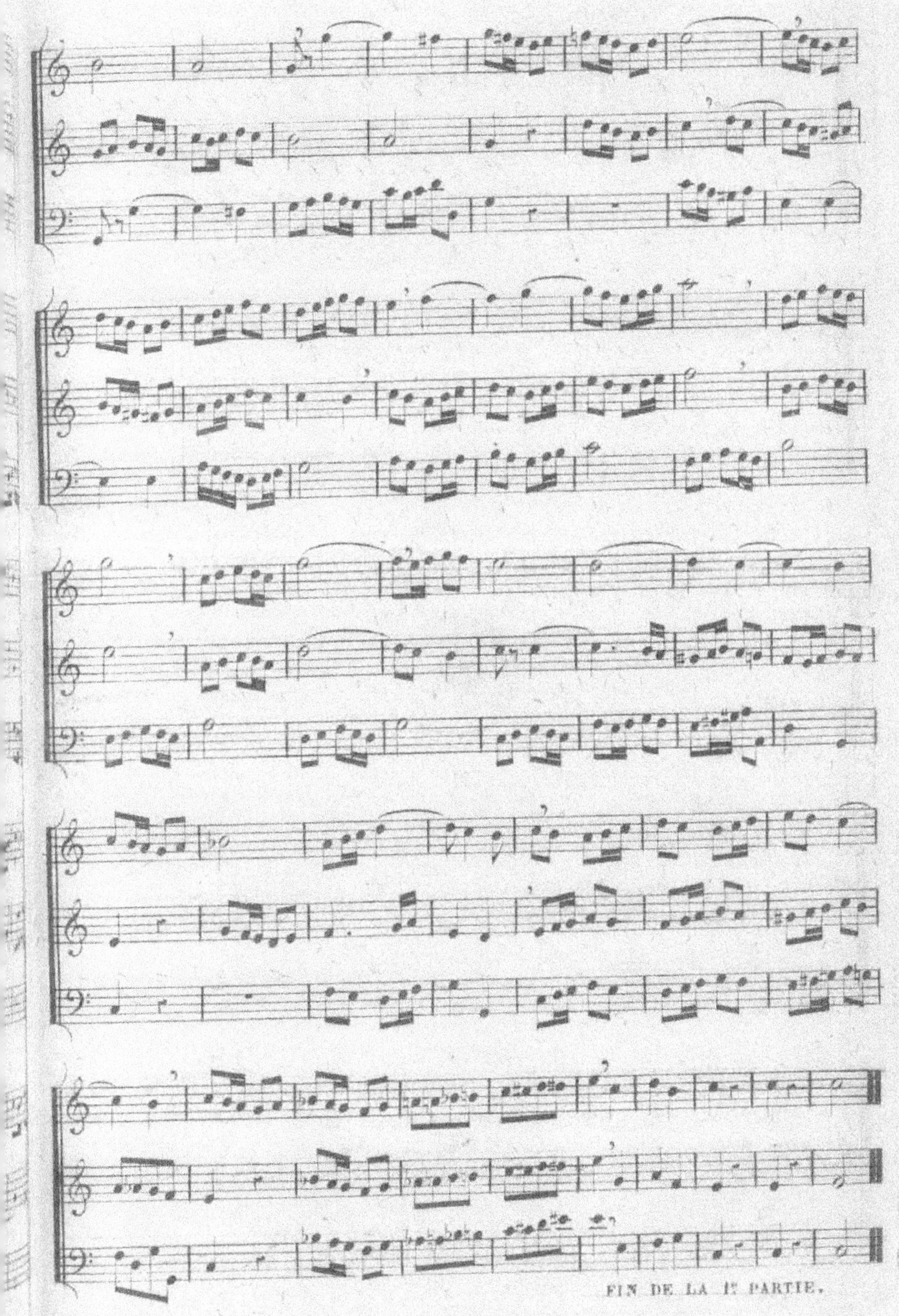

FIN DE LA 1[re] PARTIE.

www.ingramcontent.com/pod-product-compliance
Ingram Content Group UK Ltd.
Pitfield, Milton Keynes, MK11 3LW, UK
UKHW021600260726
13993UKWH00002B/947